真実の仏法に
触《ふ》れた了顕《りょうけん》は
蓮如上人《れんにょしょうにん》の
法話には
欠かさず参詣《さんけい》し

深く教えを聞くことに
大きな喜びを感じるようになった

かくして
了顕《りょうけん》は

蓮如上人《れんにょしょうにん》のお弟子《でし》……
本光房了顕《ほんこうぼうりょうけん》となったのである

漫画

なぜ生きる

後編

脚本　和田清人

漫画　太田 寿

構成　大部慧史　　書　木村泰山

第1章 寛正の法難

蓮如上人《れんにょしょうにん》の元には、
了顕《りょうけん》のように
真実の仏法を
求める若者たちが
全国から集まっていた

越中五箇山《えっちゅうごかやま》
から来た
赤尾《あかお》の道宗《どうしゅう》も
その一人である

申し訳ありません！
本堂はいっぱいですので、こちらへどうぞ！
了顕《りょうけん》
そんな怖《こわ》い顔で大声出しても逆効果だぞ
道宗《どうしゅう》

皆《みな》さん
焦《あせ》らず、ゆっくりお進みください。
大悲《だいひ》の願船《がんせん》は、早い者順ではありませんよ
ワイ
ワイ
ご苦労様です！
蓮如上人《れんにょしょうにん》は、皆《みな》さんがそろうまで待っていてくださいますから
押《お》さないで、ゆっくりこちらへどうぞ

え。おまえも親を亡《な》くしてるのか？
ああ。四つの時におっ母《かあ》……
十三の時におっ父《とう》が死んだ
そんなに早く……

それから、死んだ者がどこへ行くのか気になり始めてな
十九の時に旅に出たんだ
旅……？
筑紫国《つくしのくに》＊にある五百羅漢《ごひゃくらかん》の寺へ行けば
死んだおっ父《とう》とおっ母《かあ》に会えると信じてたんだよ
それで、本当に筑紫《つくし》まで行ったのか
いいや
越前《えちぜん》＊で会った旅人が教えてくれたんだ

＊筑紫……現在の福岡県
＊越前……現在の福井県

人間が死んだあと
どうなるかを
知りたければ
京都に行け
京都にある本願寺《ほんがんじ》の
蓮如上人《れんにょしょうにん》が
おまえの問いに
答えてくださるだろう
……って

ト・・・
道宗《どうしゅう》

蓮如《れんにょ》上人《しょうにん》さま！
手紙＊を書いたから、わしの部屋《へや》まで取りに来てくれないか
はい！
ありがとうございます、上人《しょうにん》さま
手紙……？

＊手紙……今日、『御文章』とも『御文』ともいわれている

俺《おれ》の郷里の五箇山《ごかやま》にも、上人《しょうにん》さまのお話をお聞きしたいという者がたくさんいるんだ
だから、お手紙を書いていただいて
南无阿彌陀佛
寺や道場で朗読しているんだよ
わし一人で布教に回るのは限界があるからな

親鸞聖人《しんらんしょうにん》のみ教えを
正確に
一人でも多くの人に伝えるために、
手紙を書くことにしたのじゃよ
そうでしたか……
了顕《りょうけん》。そなたもわしの部屋《へや》に来るか？
え？　よろしいでしょうか？
ああ。もちろんじゃ

七千冊余りの一切経《いっさいきょう》や
善知識方《ぜんちしきがた》のお聖教《しょうぎょう》もそろっておる
論語《ろんご》や、史記《しき》もあるぞ
はあ～

よろしく頼《たの》むぞ、道宗《どうしゅう》
はい。ありがとうございます
郷里の仲間たちも、きっと喜びます

それはな
!

いつも話している親鸞《しんらん》聖人《しょうにん》ご真筆＊の
『教《きょう》行《ぎょう》信《しん》証《しょう》』じゃよ
え！
そんなに驚《おどろ》くことはなかろう

＊真筆……直筆

『教行信証《きょうぎょうしんしょう》』は
親鸞聖人《しんらんしょうにん》が「なぜ生きる」の答えを示された根本聖典《こんぽんせいてん》じゃ

もし何かあった時は、命に代えても護《まも》らねばならんぞ
はい！

カン
カン
カン

法敬房《ほうきょうぼう》
はい、上人《しょうにん》さま
何とか、一人でも多く聴聞《ちょうもん》＊できるようにしたいのう……
何しろ昨年も増築したばかりで、もう敷地《しきち》はギリギリ。
これ以上は、何とも……
カン
カン
カン
そうか……
もう限界か……

＊聴聞……仏教を聞くこと

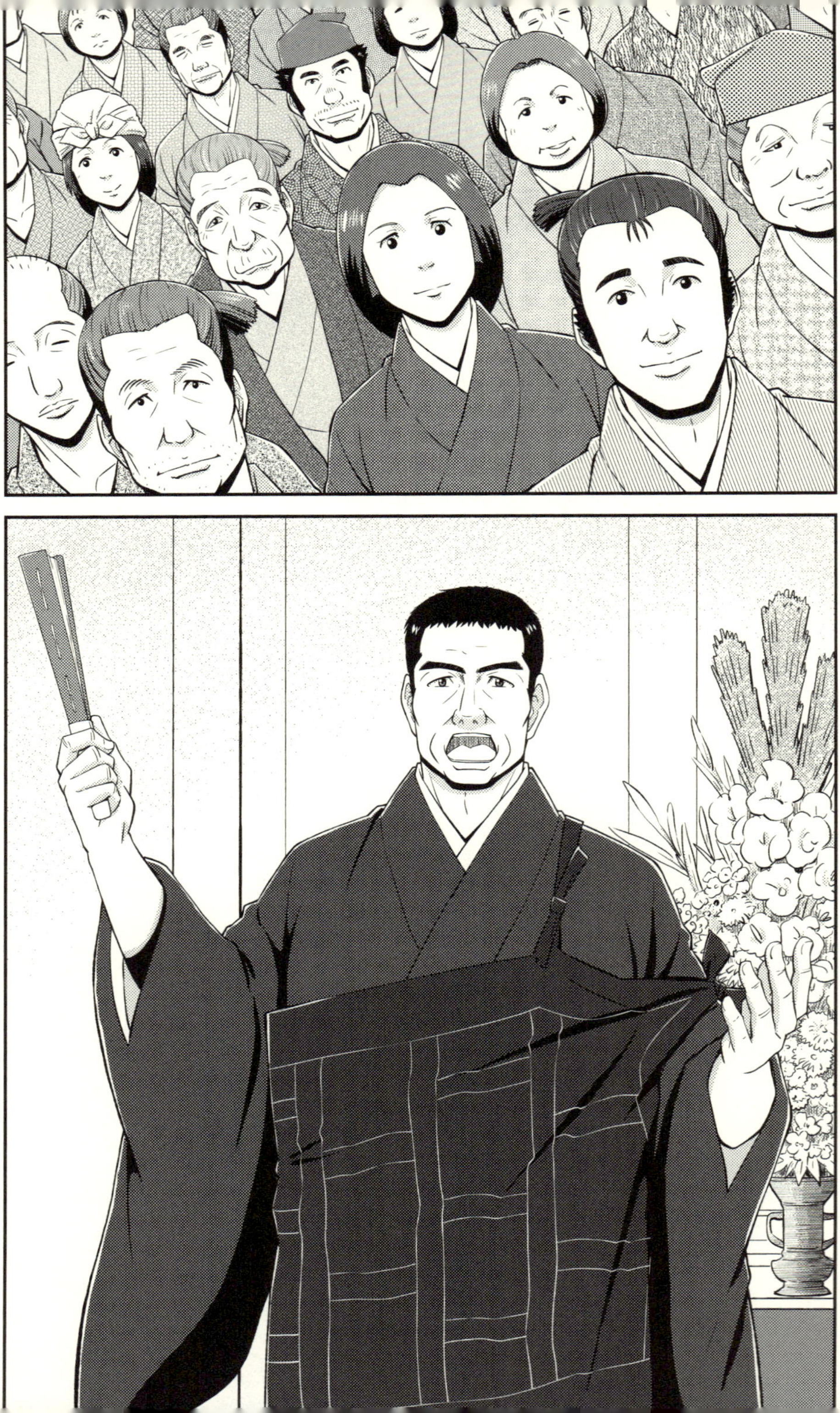

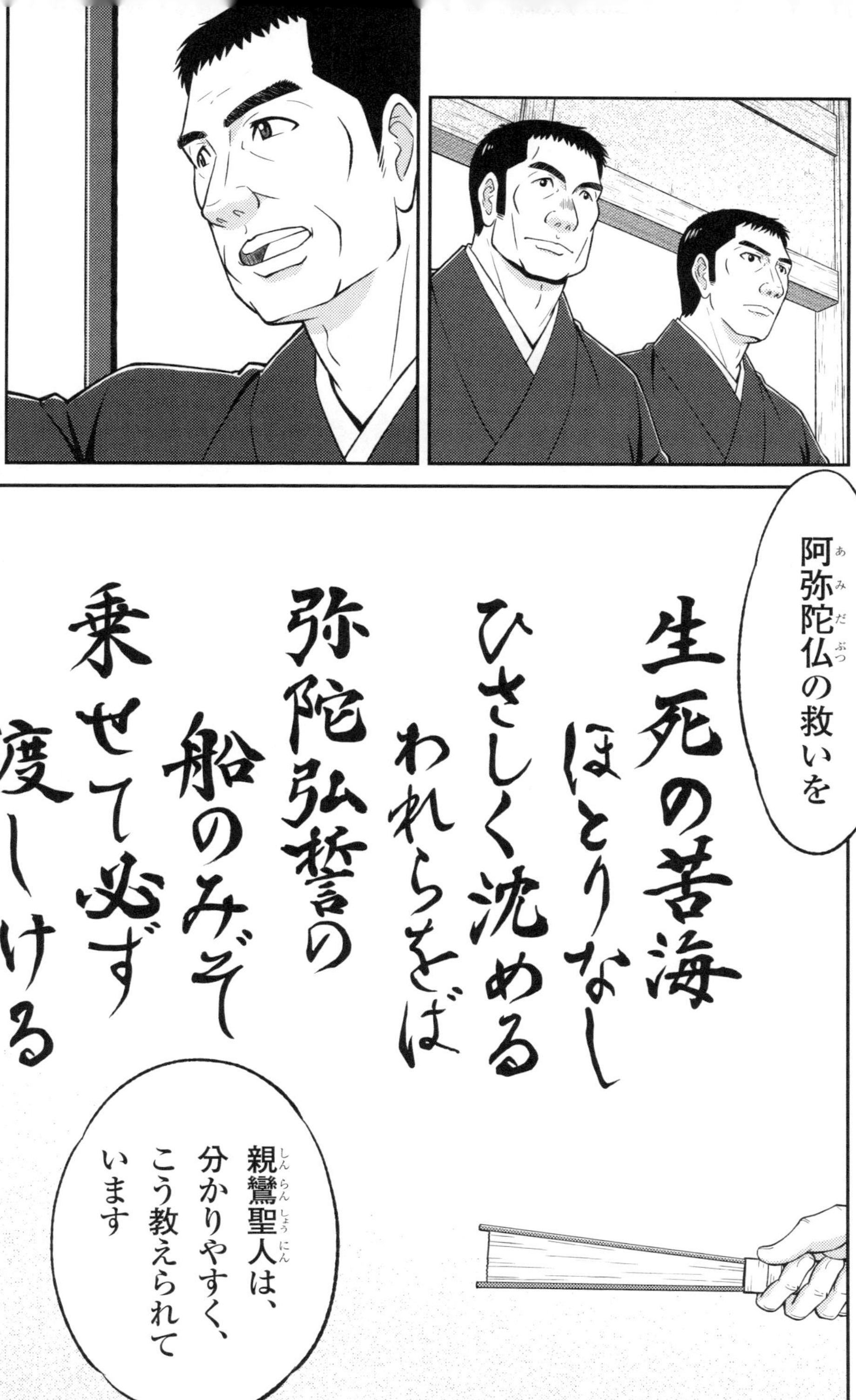
阿弥陀仏《あみだぶつ》の救いを
生死の苦海ほとりなし
ひさしく沈めるわれらをば
弥陀弘誓の船のみぞ
乗せて必ず渡しける
親鸞聖人《しんらんしょうにん》は、
分かりやすく、
こう教えられています

「生死《しょうじ》の苦海《くかい》ほとりなし ひさしく沈《しず》めるわれらをば」とは
苦しみの海に、永らく、さまよい続けてきた
私たちのことです
そんな私たちを

「弥陀弘誓《みだぐぜい》の船《ふね》のみぞ乗《の》せて必《かなら》ず渡《わた》しける」とは、阿弥陀仏《あみだぶつ》の、大悲《だいひ》の願船《がんせん》だけが
乗せて
極楽浄土《ごくらくじょうど》まで渡《わた》してくださるのだよ、
……とおっしゃっています

ですからね
南无阿彌陀佛
「阿弥陀仏《あみだぶつ》一仏に向きなさい。
阿弥陀仏《あみだぶつ》一仏を信じなさいよ」
生死
と言い残されて、お釈迦《しゃか》さまはこの世を去られました

阿弥陀仏《あみだぶつ》だけを信じよ、だとよ
チッ

他の仏や神では助からんとか、言いやがっていたな
なにしろ、俺《おれ》たちが檀家《だんか》に与《あた》えた本尊《ほんぞん》を
風呂《ふろ》のたびに薪《たき》と一緒《いっしょ》に焼いているそうだ！
まさしく外道《げどう》だ。
悪魔《あくま》だ
ワイ
ワイ
とんでもないやつらだ

なぜ、あんな悪魔《あくま》に、あれほど多くの者たちが……
あれは越後屋《えちごや》の主人と番頭ではないか
蓮如《れんにょ》に鞍替《くらが》えしたのか
畜生《ちくしょう》！
檀家《だんか》を奪《うば》いやがったな！
このままでは、比叡山《ひえいざん》の参詣者《さんけいしゃ》が減る一方だ
このまま捨ててはおけまい

くくく…
我々の力を思い知らせてやろうじゃないか
オオォォ

上人《しょうにん》さま。どうされましたか
……
雲行きが怪《あや》しいな

＊比叡山……京都府と滋賀県の境にある山。天台宗の本山がある

「僧兵《そうへい》」と呼ばれ
恐《おそ》れられていた

寛《かん》正《しょう》6年（1465）

寛《かん》正《しょう》の法《ほう》難《なん》

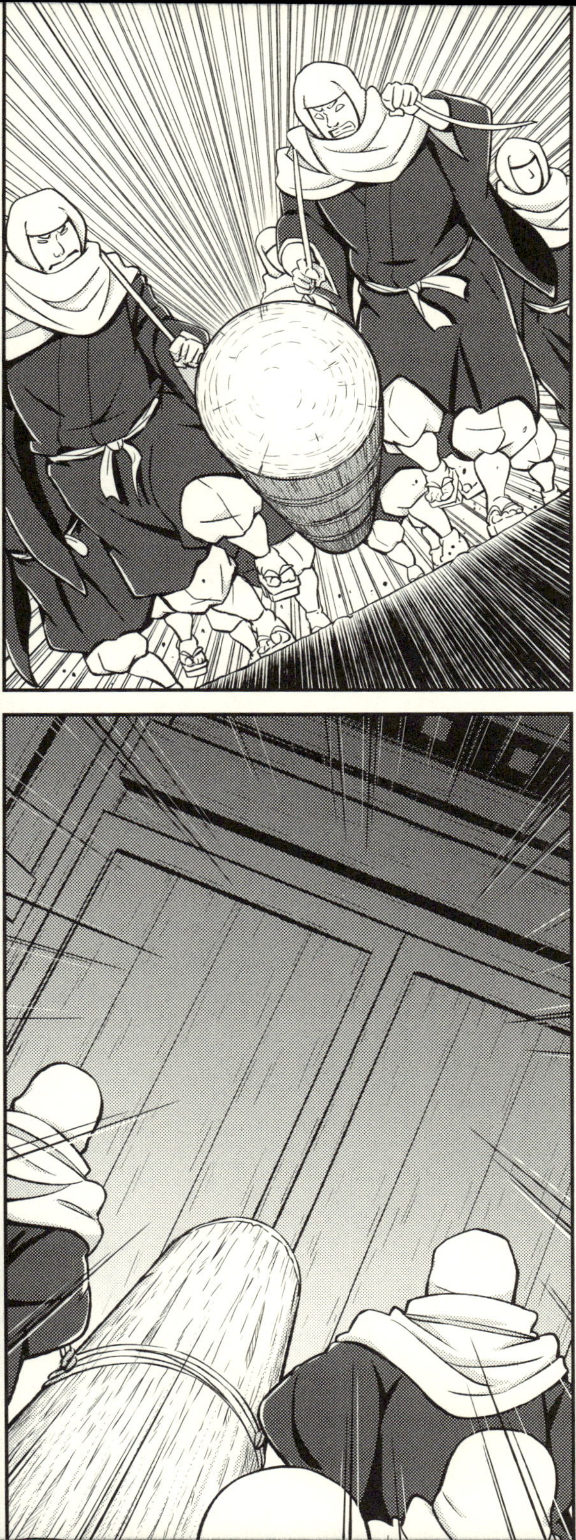

聖
信心をも
て本とせ
故はもろ
ドォーン

僧兵《そうへい》じゃ！
比叡山《ひえいざん》の夜襲《やしゅう》じゃぁ！
ドオン
ドオン
上人《しょうにん》さまぁ
蓮如上人《れんにょしょうにん》さまぁ!!

あいつら
俺《おれ》が蹴散《けち》らしてやる！
待て、了顕《りょうけん》！
ザザッ
今なすべきは戦うことではない！
どけ！

！
上人《しょうにん》さま……！
法敬房《ほうきょうぼう》
まず御本尊《ごほんぞん》をお護《まも》りするのじゃ
はい、かしこまりました！

了顕《りょうけん》!
道宗《どうしゅう》!!
そなたたちは『教行信証《きょうぎょうしんしょう》』をお運びするように
はっ!
頼《たの》んだぞ!
ダッ
……
上人《しょうにん》さま!

私に上人《しょうにん》さまをお護《まも》りさせてください！
わしのことは心配いらん
自分の身は自分で守る
しかし……
命に代えても『教行信証《きょうぎょうしんしょう》』をお護《まも》りする！
それが、そなたの使命じゃ！

かしこまりました！
ザッ
ドスッ

あいつら、なんでこんなことを……！
ドッ
かつて親鸞聖人《しんらんしょうにん》も迫害《はくがい》された
真実を明らかにすると、必ず横槍《よこやり》が入るんだ……

ザザザ

ザ
ザ
ザ
ザ

ザザザ

ザザザ

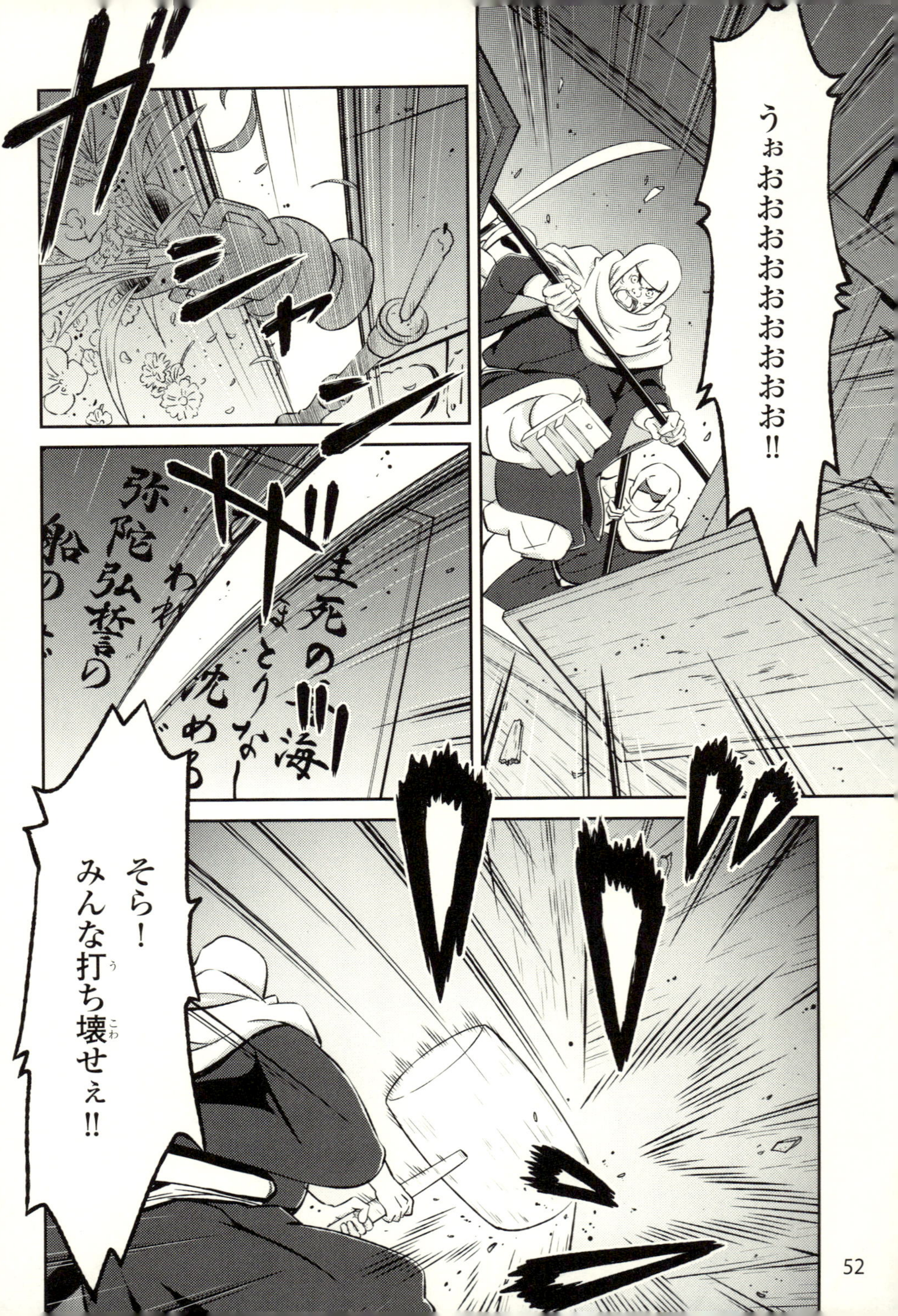
うぉおおおおおおおお!!
ガシャン
そら！
みんな打《う》ち壊《こわ》せぇ!!

蓮如《れんにょ》は、どこだ!!
蓮如《れんにょ》を捜《さが》し出《だ》せ!!

そいつらを逃《のが》すな！
ザザッ
了顕《りょうけん》！先に行け！

おまえは『教行信証《きょうぎょうしんしょう》』を
ああああ
お護《まも》りするんだ！

うおおおっ！
あひゃっ！

武器を捨てろ！
ここには七千冊もの一切経《いっさいきょう》がある
どちらが本当の仏教か……
心ゆくまで話し合おうぞ！

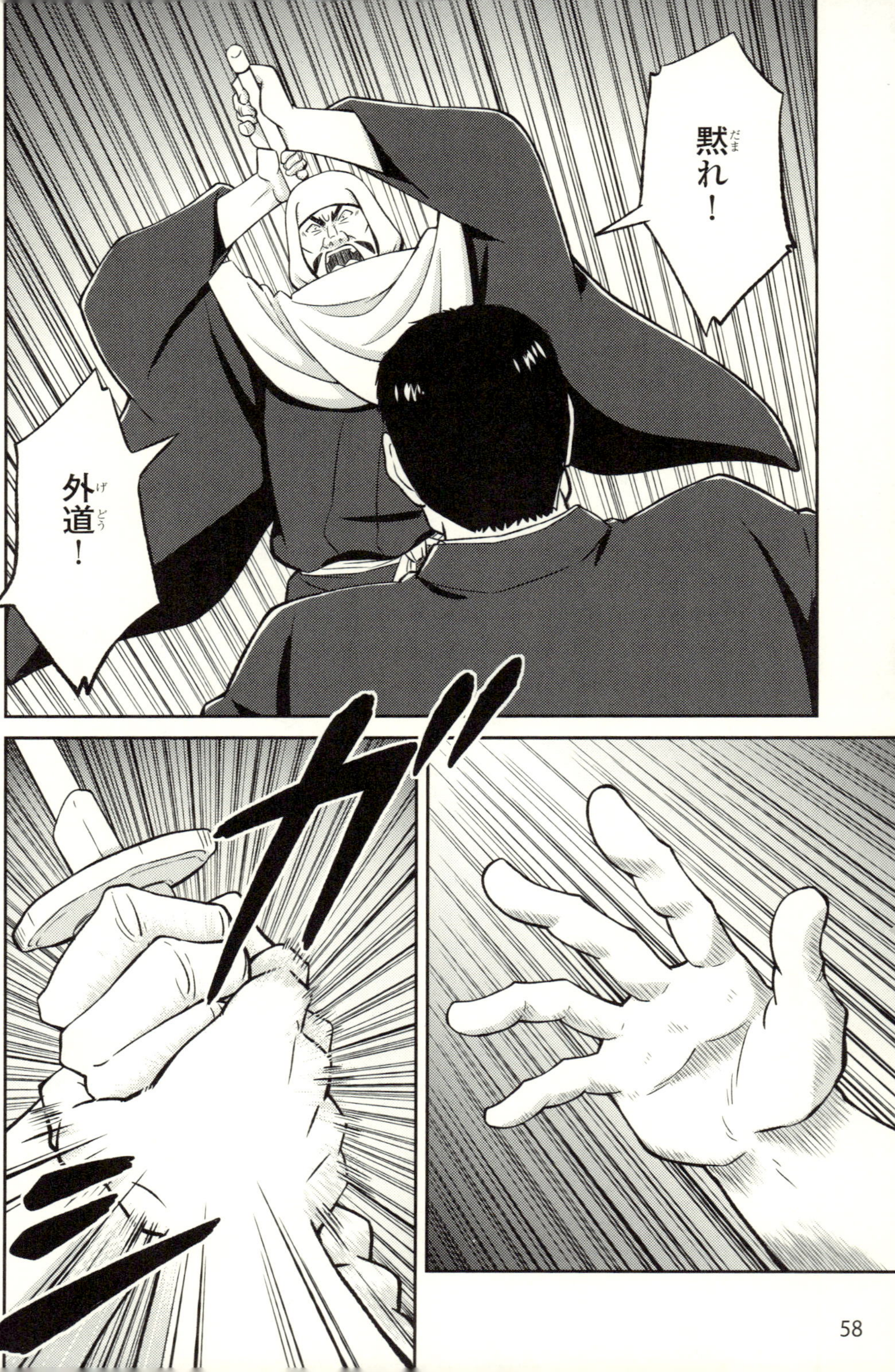
黙《だま》れ！
外道《げどう》！
ガシ

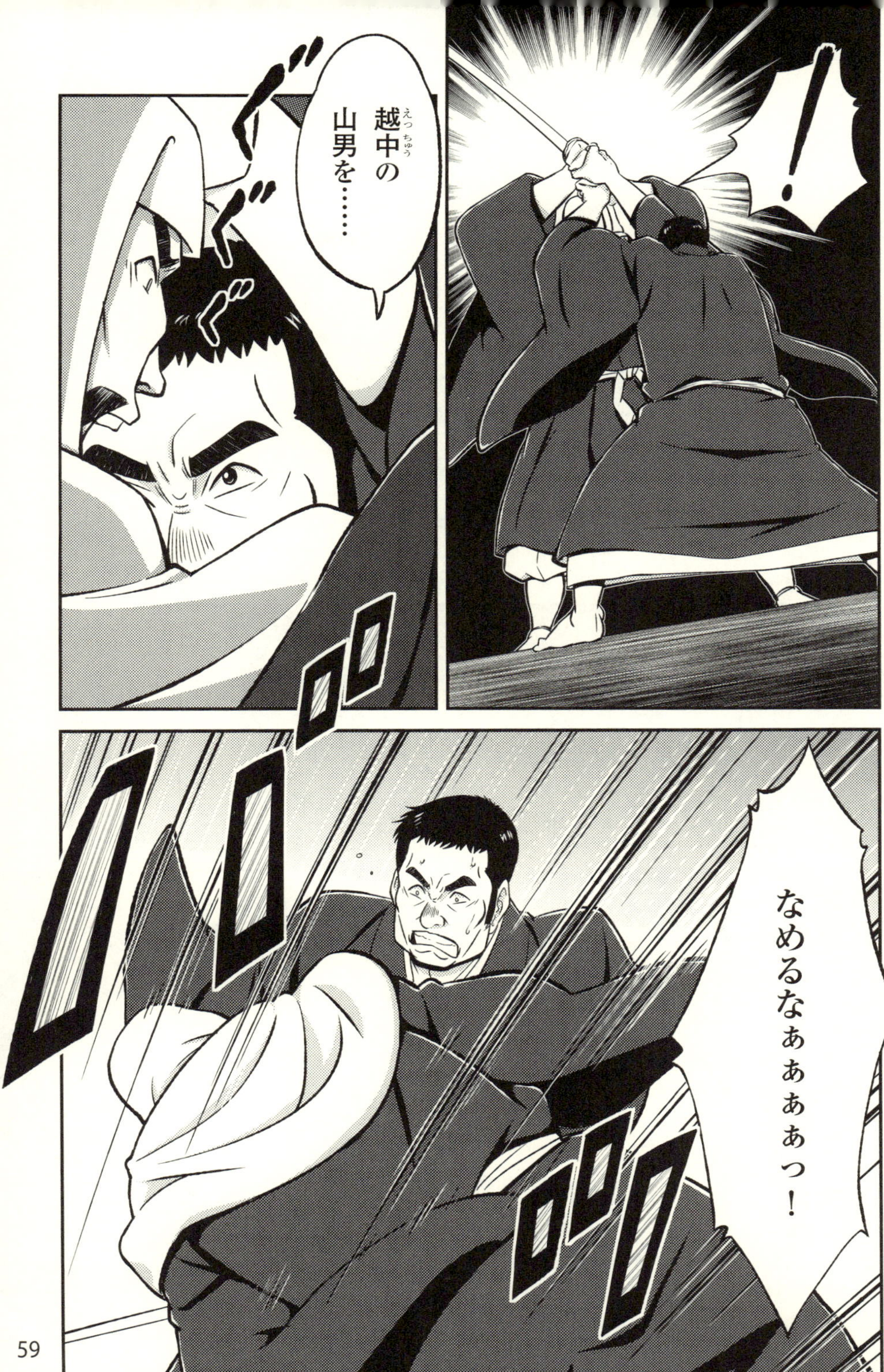
!
越中《えっちゅう》の山男を……
なめるなぁぁぁぁっ！

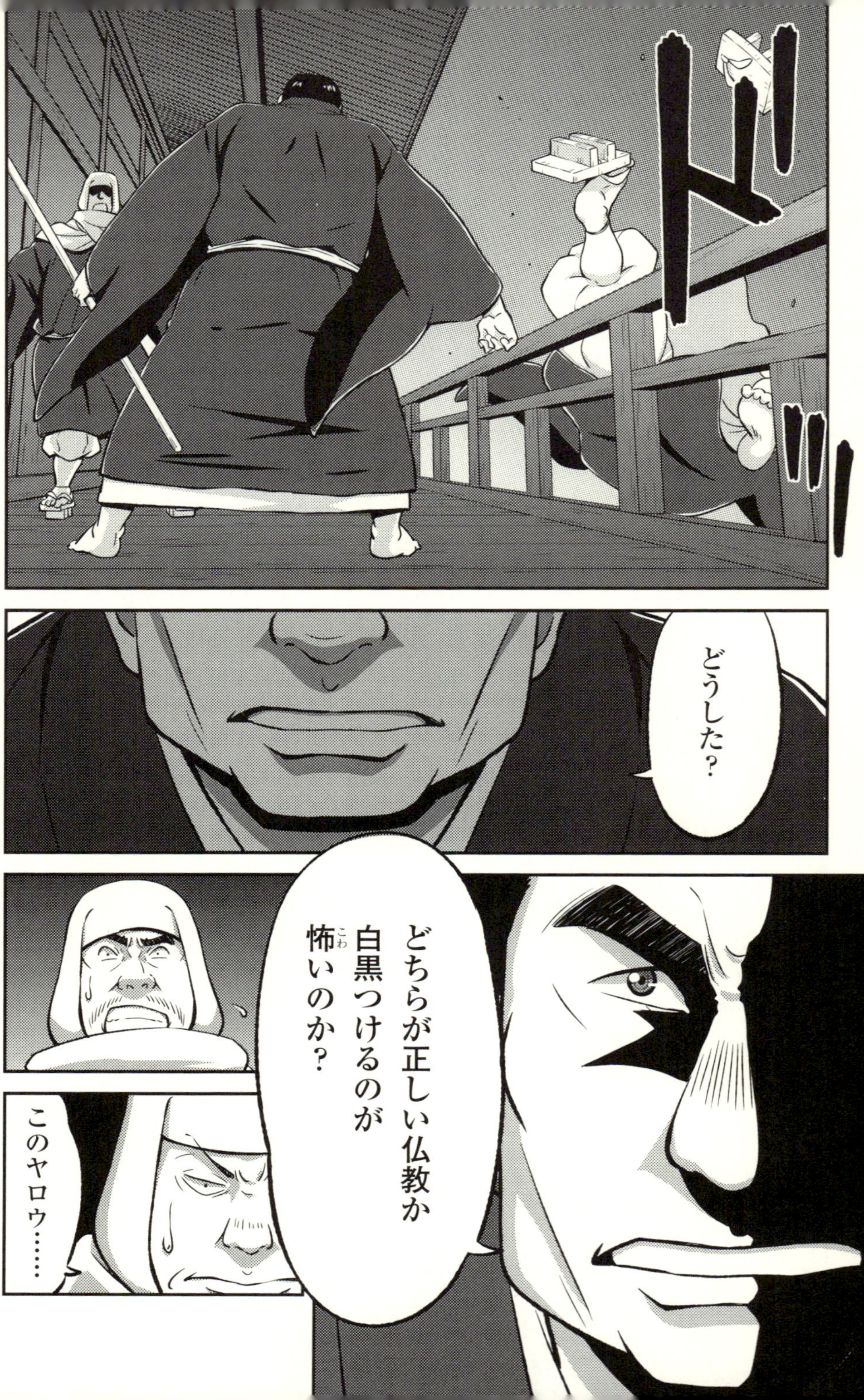
ド
どうした？
どちらが正しい仏教か
白黒つけるのが
怖《こわ》いのか？
このヤロウ……

……情けない奴《やつ》らだ

了《りょう》顕《けん》……
ガシャ

ほらっ、行くぞ！
あ……ああ

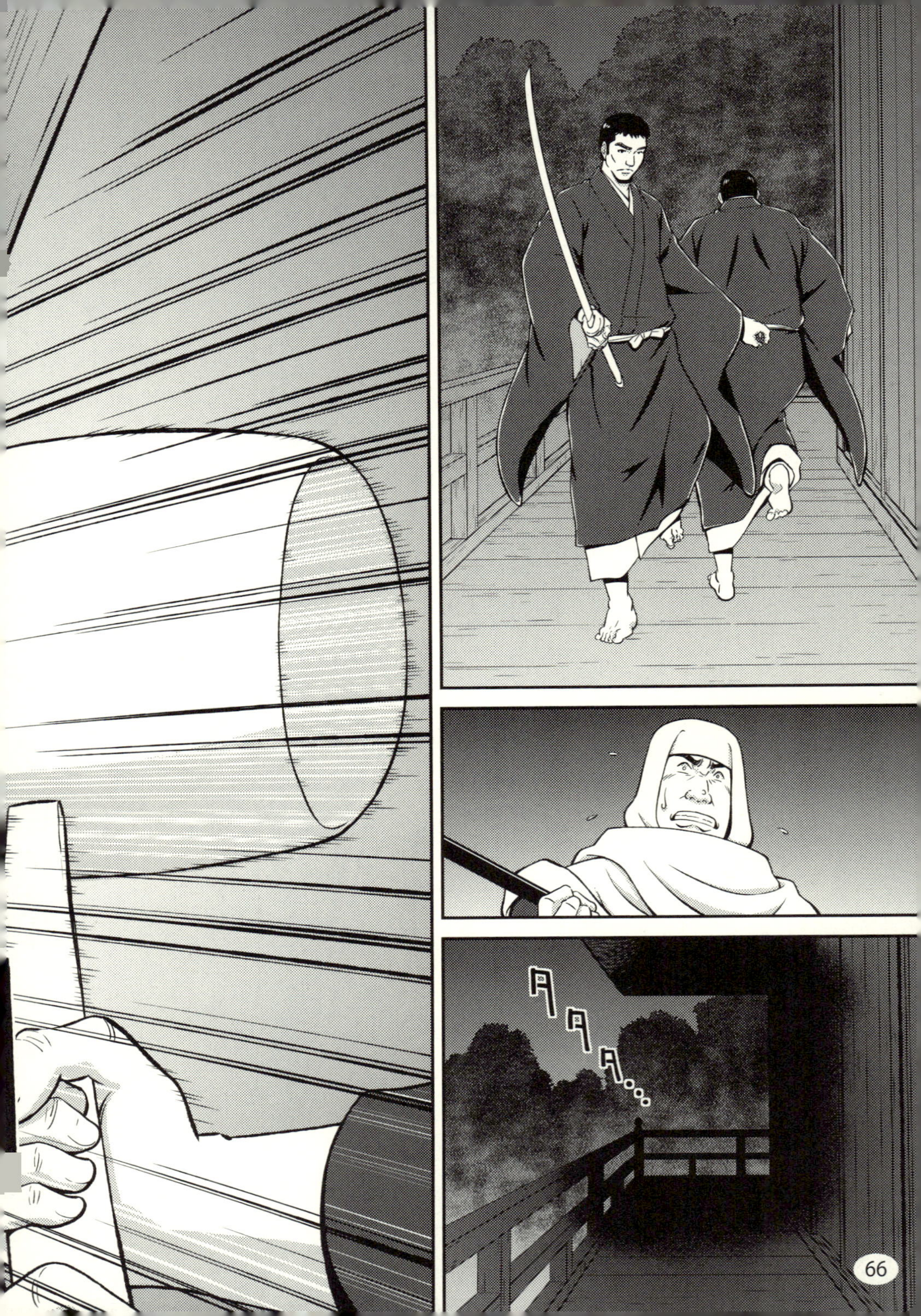
タタタ…

ゴ
ガラ
ガラ

ズズ

オオオオオオ
ーオ

ズズズン
オオオオオオ

上人《しょうにん》さま！

ご無事で何よりでございます！
親鸞聖人《しんらんしょうにん》ご真筆の『教行信証《きょうぎょうしんしょう》』！
確かにお運びいたしました！
了顕《りょうけん》！道宗《どうしゅう》！
よくぞ護《まも》ってくれたな……！

たとえ本願寺《ほんがんじ》が破壊《はかい》されても
この『教行信証《きょうぎょうしんしょう》』さえあれば布教の旅は続けられる
親鸞聖人《しんらんしょうにん》のみ教えを、人々に伝えていくことができる……
はい！

ヒュウウウ
……行こう
ああ……

蓮如上人《れんにょしょうにん》は
お弟子《でし》たちを連れて、
布教の旅を続けられた

しかし
どこへ行っても、
お命をつけ狙《ねら》う
不届き者が現れるのだった

蓮如上人からの手紙

蓮如上人《れんにょしょうにん》の願いは、「親鸞聖人《しんらんしょうにん》のみ教えを、正確に、多くの人に伝える」、これ一つでした。

そのために考え出された、画期的な布教手段が「手紙」だったのです。

「手紙」といっても、特定の個人宛《あて》に書かれたのではありません。手紙の形式で、仏教を聞いている全ての人へ向けて、親鸞聖人《しんらんしょうにん》のみ教えを、平仮名《ひらがな》まじりで、分かりやすく書かれたものです。

蓮如上人《れんにょしょうにん》のお手紙は、各地の寺や集会所で、多くの人を前にして読み上げられました。蓮如上人《れんにょしょうにん》のお言葉を、間違《まちが》いなく、そのまま伝えることができたのです。

集まった人たちにとっては、蓮如上人《れんにょしょうにん》から直接、ご法話を聞かせていただいているような感激を味わったのでした。

ただの手紙ではない、真実の仏法を伝えてくださる「ふみ（文）」であるとして、「御文章《ごぶんしょう》」または「御文《おふみ》」と呼ばれるようになったのです。

御文章《ごぶんしょう》は、人から人へ書き写されていきました。

そして、多くの人が、蓮如上人《れんにょしょうにん》のお手紙を代読しながら仏教を伝えていったのです。

一通のお手紙が、数十、数百、数千通となり、山を越《こ》え、谷を渡《わた》って全国へ拡大していきます。

これはまさに、数十、数百、数千の蓮如上人《れんにょしょうにん》が、時を同じくして各地で布教されているような勢いで、真実の仏教が伝わっていったのです。

（木村耕一）

第２章　北陸へ！　吉崎へ！

そろそろ一休みしましょうか
ああ。ぜひそうしよう
皆《みな》がそなたのように足が丈夫《じょうぶ》なわけではないからな

道宗《どうしゅう》
少し休んだらどうだ
なんのなんの

まだまだ
ズ
ま～だっ
歩き足りない
ぐらいだ

道宗《どうしゅう》はな、上人《しょうにん》さまのご法話を聞くために
五箇山《ごかやま》の赤尾《あかお》の家から井波《いなみ》の瑞泉寺《ずいせんじ》まで歩いて通《かよ》っていたんだぞ
八里＊ほどあるかな
はい
＊八里……約三十二キロメートル
八里！
赤尾《あかお》から井波《いなみ》まで!?
上人《しょうにん》さまのご法話をお聞きして
家に帰る頃《ころ》にはすっかり日が暮れていました

それでも
あくる日
またご法話に
来るんだから
たいした
ものだよ

上人《しょうにん》さまのご法話を聞くためなら、どこへでも参ります
一日も早く
絶対の幸福になりたいですからね

ザッ

僧兵《そうへい》だ！
また僧兵《そうへい》が来たぞぉ!!

おおお

ドタ
ドタ
ドタ
ドタ

蓮如《れんにょ》はどこだあ!!

……どこに行っても、僧兵《そうへい》どもが現れますね
ああ
だが……親鸞聖人《しんらんしょうにん》のみ教えを聞きたい人がいるかぎり
布教の火を止めるわけにはいかん

何があっても
旅を続けるぞ
ははぁ！

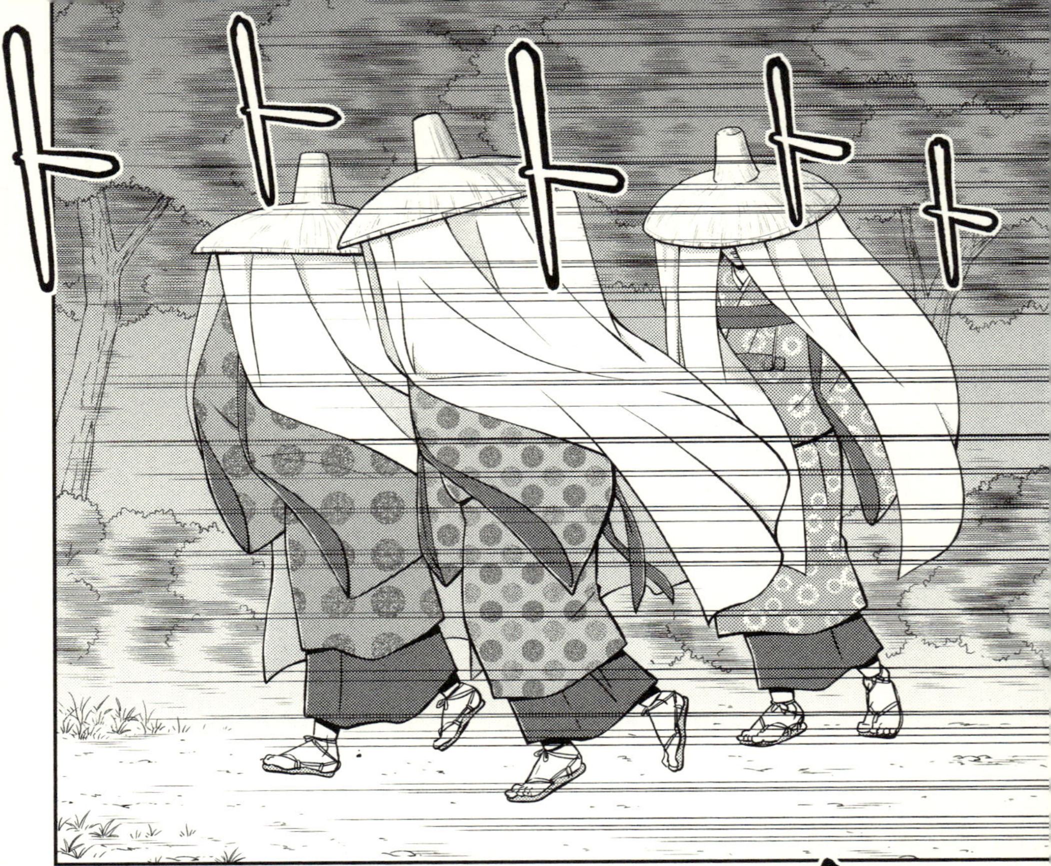
トトトトト

トトトトトトト

トク
トク
ぐいっ
ぶはっ

鈴《すず》
ドンドン
誰《だれ》かしら
どうせ年貢《ねんぐ》の催促《さいそく》だろう。
ほっとけ
新右衛門《しんえもん》
（鈴《すず》の父親）

……ちょっと
見てきますね
ザラ
!
すみません

こちらに一晩かくまっていただけませんか
命を狙《ねら》われているんです。
どうか、お願いします

おっ父《とう》……
面倒《めんどう》はごめんだ。帰ってくれ
そこを何とか……
上人《しょうにん》さまをお連れして
これ以上逃《に》げ回《まわ》るわけにはいかんのです……
ピクッ
……上人《しょうにん》さま？

きさまら坊主《ぼうず》か
道理で さっきから
嫌《いや》な臭《にお》いが するわけだ

おっ父《とう》！
そんなこと言ったら罰《ばち》が当たりますよ
罰《ばち》ぃ？
ハン
布教して歩くことも、
寺で法話の一つもしないで
葬式《そうしき》と
墓番
寺でふんぞり返って金勘定《かねかんじょう》しかしてない連中にそんな力あるか
鈴《すず》。おまえ、おっ母《かあ》が死んだ時のこと忘れたのか？
坊主《ぼうず》のやつに

「貧乏人《びんぼうにん》は地獄《じごく》行きだ」って
散々ばかにされたんだぞ？
……

違《ちが》います……
それは本当の仏教では……
スッ
納屋《なや》でも厠《かわや》でもどこでもかまいません……
一晩だけ置いていただけませんでしょうか

……帰れ
帰れと言ってるんだ！
！
おっ父《とう》見て！

フム…
……
入って
ください
え？
こんな狭苦《せまくる》しい
家でよければ
どうぞ
入ってください
あなたは
俺《おれ》の知っている
坊主《ぼうず》とは違《ちが》うようだ

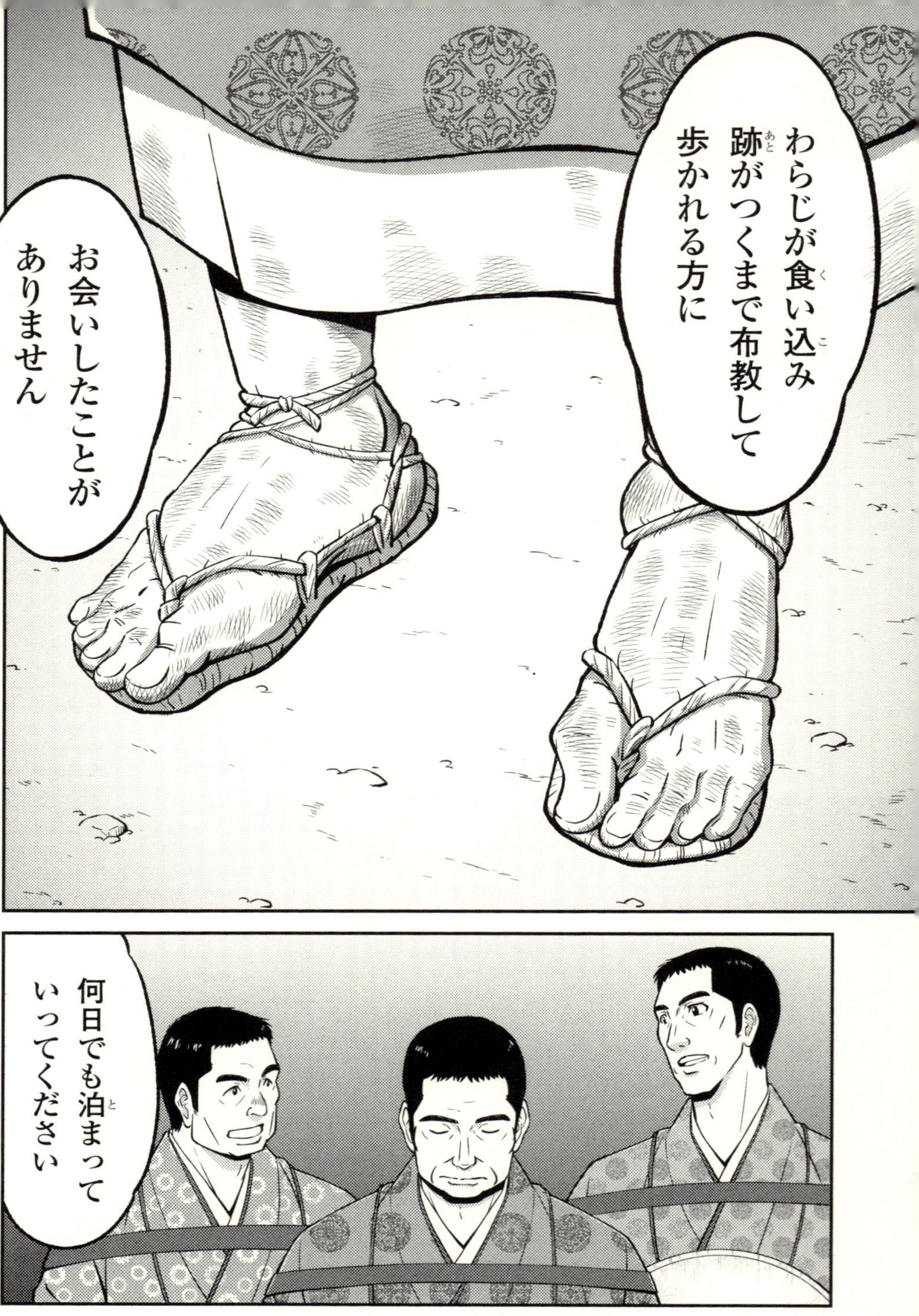
わらじが食《く》い込《こ》み跡《あと》がつくまで布教して歩かれる方に
お会いしたことがありません
何日でも泊《と》まっていってください

その代わり、あなたのお話を聞かせてもらえませんか
ええ……
もちろん、そのつもりですよ

どうも、お世話になりました
いえ。こちらこそありがとうございました
私……
もっと上人《しょうにん》さまのお話をお聞きしたいのに……
また必ず来るよ

その時まで
この手紙を皆《みな》に読み聞かせてくれんか
はい！
どうもありがとうございます

ダダッ
たっ！
大変だ!!
刀を持った
坊《ぼう》さんたちが
村に向かってくるよ！
ザッ
……急ぎましょう、
上人《しょうにん》さま
うむ

どうか、ご無事で……

応仁元年《おうにん》（1467）

＊堅田……現在の滋賀県大津市。琵琶湖の南西岸の地名

堅田《かたた》の法住《ほうじゅう》
法住《ほうじゅう》さまは
独りで比叡山《ひえいざん》に乗《の》り込《こ》んで

経典《きょうてん》を元に
正しい仏教について大激論を交《か》わした末
連中を屈服《くっぷく》させたそうだ
……これで当分追われることもないかもしれんな
……
どうかな……

学者連中をいくら打ち負かしたところで、無法者の僧兵《そうへい》たちがどうにかなるとは思えんが……
上人《しょうにん》さまお呼びでしょうか
ああ……そなたたちに相談したいことがあってな
はい
その前に

一緒《いっしょ》に風呂《ふろ》へ入らんか
え
しかし……
いいから入れ入れ!

どんな
ご用件でしょうか
うむ……
それで……

堅田《かたた》の門徒たちは、船を使い……
商《あきな》いで全国を回っている
訪問した先々で、夜は宿に近所の
人々を集めて仏教の話をしているのだ
その結果、もっと親鸞聖人《しんらんしょうにん》のみ教えを
お聞きしたいという人が急増しているのだ
それは素晴《すば》らしいですね
しかし、今、全国から集《つど》って、仏法を聴聞《ちょうもん》させていただける場所がありません

何か解決策はないだろうか
僧兵《そうへい》たちが襲《おそ》ってこない場所を探すしか……
この世は、無常です。明日まで命がある保証はありません
私も、門徒の皆《みな》さんも……
一日も早く、大悲《だいひ》の願船《がんせん》に乗せていただかなければなりません。そのためには
京都にあった本願寺《ほんがんじ》の、何倍もの大きさの聞法道場《もんぼうどうじょう》が必要です

ああ、たしかに俺《おれ》もそう思う
大勢の人が安心して
上人《しょうにん》さまのご法話を聴聞《ちょうもん》させていただく場所を私たちの手で、建立《こんりゅう》しなければ……
うむ……

＊大津……現在の滋賀県大津市。琵琶湖の南岸の地

上人《しょうにん》さま
どうかご無事で
法住《ほうじゅう》……
そなたもな
……はい

手配書
蓮如
この僧、民衆を惑わすものなり
いち早く捕らえし者には
金壱百貫を与える
命の有無は問わず
文明二年
蓮如《れんにょ》さんの首を取った者には、金子《きんす》を与《あた》えるってよ
ほう
これだけありゃ、一生遊んで暮らせるな

ワイ
ワイ
はい。僧兵《そうへい》だけでなく、村の無法者まで
上人《しょうにん》さまのお命を狙《ねら》っています。すぐに出発しましょう
……そうか。ここも、もうだめか

しかし どこへ行けば いいんだ？
そこら中で僧兵《そうへい》が 目を光らせておる というのに……
大丈夫《だいじょうぶ》です
私に任せて ください

上人《しょうにん》さま、大丈夫《だいじょうぶ》ですか？
大丈夫《だいじょうぶ》じゃよ、これしきの坂
決して、ご無理なされませぬように、上人《しょうにん》さま
ここさえ越《こ》えれば、僧兵《そうへい》に見つからずに行けましょう
さすが道宗《どうしゅう》、山道には詳《くわ》しいな

本願寺《ほんがんじ》が破壊《はかい》されてから、もう六年……
上人《しょうにん》さまには、ご苦労のおかけしどおしで……
いやいや。そんなことより
一刻も早く
親鸞《しんらん》聖人《しょうにん》のみ教えを
皆《みな》にお伝えしなければ……

おまえさんが、蓮如《れんによ》か!!
!

うぐっ
何やつじゃ！

どけっ！
俺《おれ》たちは蓮如《れんにょ》に
用があるんだ！
黙《だま》れ、
無礼者！
上人《しょうにん》さまに
指一本でも
触《ふ》れてみろ
この俺《おれ》が
黙《だま》っていないぞ

何をこしゃくな
ジャキ…
ダッ
クソ坊主《ぼうず》が！

こいつ!
ドッ
ドッ

う……ぐっ
……これ以上
刃向《はむ》かうなら

容赦《ようしゃ》はせんぞ！
ひっ
お……覚えて
やがれ！

上人《しょうにん》さま。ご無事で何よりでございました
法敬房《ほうきょうぼう》さまもおけがなどは？
私は、このとおり大丈夫《だいじょうぶ》じゃ

まことに
親鸞《しんらん》聖人《しょうにん》のおっしゃるとおり……
この世は悪世じゃのう

疑謗破滅《ぎほうはめつ》、＊
盛《さか》んではないか
五濁《ごじょく》の時機《じき》いたりては
道俗《どうぞく》ともにあらそいて
念仏《ねんぶつ》信《しん》ずるひとをみて
疑謗破滅《ぎほうはめつ》さかりなり
―親鸞聖人《しんらんしょうにん》
上人《しょうにん》さまに
このようなご辛労《しんろう》をおかけするとは……
法敬房《ほうきょうぼう》

＊疑謗破滅……疑ったり、そしったり、迫害すること

かって親鸞聖人《しんらんしょうにん》が、流刑《るけい》に遭《あ》われた折……
越後《えちご》＊の人々に仏法をお伝えする
ありがたい阿弥陀仏《あみだぶつ》のご方便と、合掌《がっしょう》なされたではないか

＊越後……現在の新潟県

祖師聖人《そししょうにん》のご苦労を思えば
蓮如《れんによ》の苦労など苦労のうちには入らぬのじゃ

ズザッ
もったいのうございます
皆《みな》の者
この際、蓮如《れんにょ》……

仏縁《ぶつえん》深い北陸を
巡《めぐ》ってみようと
思うのじゃが
なんと！
北陸ですか、
上人《しょうにん》さま
そうじゃ
かって親鸞聖人《しんらんしょうにん》の
み跡《あと》を慕《した》い、
北陸を訪《おとず》れたことが
あったが

いずこの里も、まことの教えを待ち望んでいた……
都で布教がかなわぬならば、
ご縁《えん》の深い所でお伝えすればよい
親鸞《しんらん》聖人《しょうにん》の教えを待っている人は
この世に満ちているのだからな

そのとおりでございます！上人《しょうにん》さま!!
道宗《どうしゅう》
そなたは北陸の生まれじゃったのう
はい！
越中《えっちゅう》＊は、五箇山《ごかやま》の赤尾《あかお》でございます

＊越中……現在の富山県

雪深い所だと、聞いておるが……
はい。背丈《せたけ》の二倍は積もります
しかし……
上人《しょうにん》さまがいらっしゃるとなれば
みんなで道を作りましょう！

ほう！五箇山《ごかやま》はそんなに雪が積もるのか
どんなに積もっても、いざとなれば
この道宗《どうしゅう》がおぶって差し上げます！
おやおや、もう年寄り扱《あつか》いかな

ははははは
さあ！出発じゃ!!
はい！

吉崎《よしざき》（現在の福井県）

ここはよい!!

はい。上人《しょうにん》さま。
ここならどんな広い本堂でも建てられます
もう増築の心配はいりません

まるで湖の真ん中に大殿堂《だいでんどう》が建つようです
なんと素晴《すば》らしい所でしょう！
参詣者《さんけいしゃ》が心静かに
真剣《しんけん》に聞法《もんぼう》できる環境《かんきょう》が何よりも大切じゃ

どこへ行っても、参詣者《さんけいしゃ》が増えると
僧兵《そうへい》どもが暴《あば》れ込《こ》んできて、大変でしたからね
ここなら三方が湖だから
僧兵《そうへい》どももそう簡単には攻《せ》めてこられんでしょう
残りの一方を
しっかりと守れば難攻不落《なんこうふらく》です
みんなが安心して、上人《しょうにん》さまから
阿弥陀仏《あみだぶつ》の本願《ほんがん》を聞かせていただけますね

うむ

吉崎御坊《よしざきごぼう》の建立《こんりゅう》には、
莫大《ばくだい》な資金と物資が
必要だった

日本各地の熱烈《ねつれつ》な
親鸞学徒《しんらんがくと》＊の
お布施《ふせ》によって

＊親鸞学徒……親鸞聖人の教えを学び、信じ、伝える人

驚《おどろ》くべき短期間で

吉崎御坊《よしざきごぼう》は
完成した

真実の大殿堂《だいでんどう》が、北陸の吉崎《よしざき》に建立《こんりゅう》されたことを聞いて
蓮如上人《れんにょしょうにん》を慕《した》う全国の親鸞学徒《しんらんがくと》は慶喜《きょうき》した

一言でも聞かせていただきたいと
吉崎《よしざき》の参詣者《さんけいしゃ》は日に日に増えていった

吉崎《よしざき》へ！
吉崎《よしざき》へ！
吉崎《よしざき》へ！
吉崎《よしざき》へ！

吉崎《よしざき》へ！
吉崎《よしざき》へ！

蓮如上人はなぜ、女装されたの？

蓮如上人《れんにょしょうにん》は、僧兵《そうへい》に本願寺《ほんがんじ》を破壊《はかい》され、命を狙《ねら》われようとも、親鸞聖人《しんらんしょうにん》のみ教えをお伝えする活動を、少しも休まれませんでした。

そのご苦労の跡《あと》は、滋賀と三重の県境にそびえる鈴鹿山脈《すずかさんみゃく》にも残されています。

滋賀県蒲生郡日野町《がもうぐんひのちょう》の正崇寺《しょうそうじ》で、蓮如上人《れんにょしょうにん》がご法話をされていたときのことです。

「日野《ひの》の豪族《ごうぞく》が蓮如上人《れんにょしょうにん》を殺害しようと兵を集めている」という情報が入ってきました。比叡山《ひえいざん》の僧兵《そうへい》が、莫大《ばくだい》な賞金をつけて依頼《いらい》したのです。

事は一刻を争います。蓮如上人《れんにょしょうにん》は、約六キロ山手の西明寺《さいみょうじ》へ避難《ひなん》されました。

しかし、すぐに敵が追ってきました。

さらに三キロの山道を越《こ》えて浄源寺《じょうげんじ》へ入られましたが、ここへも敵が襲《おそ》ってきます。

休む間もなく、さらに五キロ、険しい山奥《やまおく》へと逃《に》げられたのでした。

夜も更《ふ》け、蓮如上人《れんにょしょうにん》も大変お疲《つか》れになっています。どこかでお休みいただく所はなかろうかと、弟子《でし》が山中を探すと、炭焼《すみや》き窯《がま》がありました。山肌《やまはだ》に大きな穴が開いたような窯《かま》の中へ、上人《しょうにん》に入っていただき、弟子《でし》は炭焼人《すみやきびと》に変装して、明け方まで、窯《かま》の前で見張りをしていました。

幸いにも、敵の襲撃《しゅうげき》がなかったので、日の出とともに、蓮如上人《れんにょしょうにん》は、鈴鹿《すずか》の山を越《こ》え、伊勢《いせ》の長島《ながしま》（三重県）へ落ちのびていかれたのです。

蓮如上人《れんにょしょうにん》がご布教に赴《おもむ》かれた日野町《ひのちょう》の奥之池《おくのいけ》には、「歯黒《はぐろ》」という姓《せい》の家が多くあります。
奥之池村《おくのいけむら》の歯黒《はぐろ》さんの家を訪ねてみました。
「奥之池村《おくのいけむら》と、蓮如上人《れんにょしょうにん》との関係を教えていただけませんか」
「蓮如上人《れんにょしょうにん》が、比叡山《ひえいざん》の回し者に命を狙《ねら》われて、この村へ逃《に》げてこられたことがあります。その時、上人《しょうにん》は、歯を黒く染め、女装しておられました。新右衛門《しんえもん》という農民が、蓮如上人《れんにょしょうにん》をかくまい、仏教を聞かせていただき、間もなくお弟子《でし》になったのです。この新右衛門《しんえもん》が、当家の先祖なのです」
「新右衛門《しんえもん》は、上人《しょうにん》のお弟子《でし》になったのですか」
「はい。新右衛門《しんえもん》は、村人に呼びかけて、蓮如上人《れんにょしょうにん》のご法話を、一緒《いっしょ》にお聞きしていました。多くの参詣者《さんけいしゃ》を収容できる場所はありませんでしたので、裏山の広場でお話をされたのです。その時に、蓮如上人《れんにょしょうにん》が腰掛《こしか》けられた石が、今も残っているのですよ」
「なぜ、歯黒《はぐろ》という姓《せい》が多いのでしょうか」
「蓮如上人《れんにょしょうにん》のご教化《きょうけ》によって、村人すべてが仏教を聞き求めるようになりました。蓮如上人《れんにょしょうにん》は、歯を黒く染め、女装されなければならないほど危険な中、この地に親鸞聖人《しんらんしょうにん》のみ教えを伝えてくださいました。そのご恩を忘れないようにしようと、村人は皆《みな》、姓《せい》を『歯黒《はぐろ》』にしたのです」
これらの伝承でも明らかなように、仏教をお聞きしたい人が多いのに、安心して、聴聞《ちょうもん》させていただくことができる場所がなかったのです。
吉崎《よしざき》に、真実の殿堂《でんどう》が建立《こんりゅう》されたことは、全国の親鸞学徒《しんらんがくと》に、どれほど大きな喜びを与《あた》えたかしれません。

（木村耕一）

第3章
私ほどの幸せ者はいないよ

ここは漁が
盛《さか》んなようですね
バシャ

うむ
生きるためとはいえ、命を奪《うば》うことなしには生きてはいけぬのが人間だ
……だが、そんな罪深い者をこそ
阿弥陀仏《あみだぶつ》は救ってくださるのじゃ

ほとほとと
たたく船《ふね》ばた
吉崎《よしざき》の
浪《なみ》の上《うえ》にも
弥陀《みだ》たのむかな
あの者たちと
話をしてくる
そなたも
一緒《いっしょ》に行くか

はい！
ザザザザア・・・

わしらは、子供の頃《ころ》から
数えきれないほど魚の命を奪《うば》って生きてきました
世間でも殺生《せっしょう》する悪い職業だと蔑《さげす》まされています
仏教は修行《しゅぎょう》できる人間や、
寄付できる金持ちだけのもので

わしら漁師には関係ないんじゃ……？
阿弥陀仏《あみだぶつ》は
どんな者も救うと誓《ちか》われています
阿弥陀仏《あみだぶつ》の救いに
仕事の善悪は関係ありませんよ

村のみんなが、
もっと親鸞聖人《しんらんしょうにん》の教えを
知りたいって……
それで、
上人《しょうにん》さまのお手紙を
頂きに来たんです
そうか……
じゃあ、上人《しょうにん》さまが
お手紙を書かれる
まではここに？
はい

いい所ですね。とても
ああ

了顕《りょうけん》！

おお！道宗《どうしゅう》！
久しぶりだなぁ！
越中《えっちゅう》からお誘《さそ》いしてきたのか？
そうだ
みんな大喜びだよ
何しろ蓮如上人《れんにょしょうにん》のご法話を聞かせていただけるとあって

＊出羽……現在の山形県、秋田県

日本一の料理人が飯をこしらえているところです
えっ？
いい匂《にお》いがするなぁ……
もう少しお待ちくださいね
そいつは楽しみだのう
！
お～い!!

助六《すけろく》！
ハナ!!

ぐつぐつ
ガラ

みんな、ご苦労じゃのう
上人《しょうにん》さま！
はい！
どれ、一口、味見をさせてもらおうかな
よろしくお願いします

うむ
おいしい
ホ・・・
遠方からの参詣者《さんけいしゃ》はお疲《つか》れだろうから
もう少し塩を足すほうがよいかもしれんな

はい
では、心して賄《まかな》いを頼《たの》むぞ
かしこまりました

吉崎《よしざき》御坊《ごぼう》には
全国からの参詣者《さんけいしゃ》のために
多屋《たや》と呼ばれる宿泊《しゅくはく》施設《しせつ》が建てられていった
その建物には
法敬房《ほうきょうぼう》
空善房《くうぜんぼう》
法敬房
空善房
本光房《ほんこうぼう》
本光房

……など蓮如上人《れんにょしょうにん》のお弟子《でし》の名前がつけられ
本光房
参詣者《さんけいしゃ》の宿泊《しゅくはく》の世話をしながら
互《たが》いに仏法を語り合う所となった

本《ほん》光《こう》房《ぼう》さま

阿弥陀《あみだ》さまと
お釈迦《しゃか》さまは
同じ仏さま
なんでしょう?

いやいや
全く違《ちが》う仏さまなんですよ
ありゃ、そうか？
わしゃ今まで、てっきり同じ仏さまとばかり思っておったが……

蓮如上人《れんにょしょうにん》が今日も、懇《ねんご》ろに教えてくださったじゃありませんか
大宇宙には、
大日如来《だいにちにょらい》とか
薬師如来《やくしにょらい》とか、
たくさんの仏さまがおられるが……

その仏方の
本師本仏《ほんしほんぶつ》*が
阿弥陀如来《あみだにょらい》さま
なんだと
南无阿彌陀佛
親鸞

＊本師本仏……大宇宙に無限にまします仏の師匠

だがのう、俺《おれ》はどうしても目に見えない
阿弥陀《あみだ》さまのご恩を感じることができんのじゃが……
それはそうでしょう
だが

あの大悲《だいひ》の願船《がんせん》に乗せていただけば
誰《だれ》でも知らされることですよ

蓮如上人《れんにょしょうにん》のお話を
真剣《しんけん》に聞けば
ちょうど、どんな親不孝な子供でも
やがて親の恩の深いことを知らされるように

阿弥陀仏《あみだぶつ》の広大なご恩が
恩徳讃《おんどくさん》のように知らされるのですよ
私もそうでした
でも……本光房《ほんこうぼう》さまに限って
親不孝なことなんてなかったでしょう？

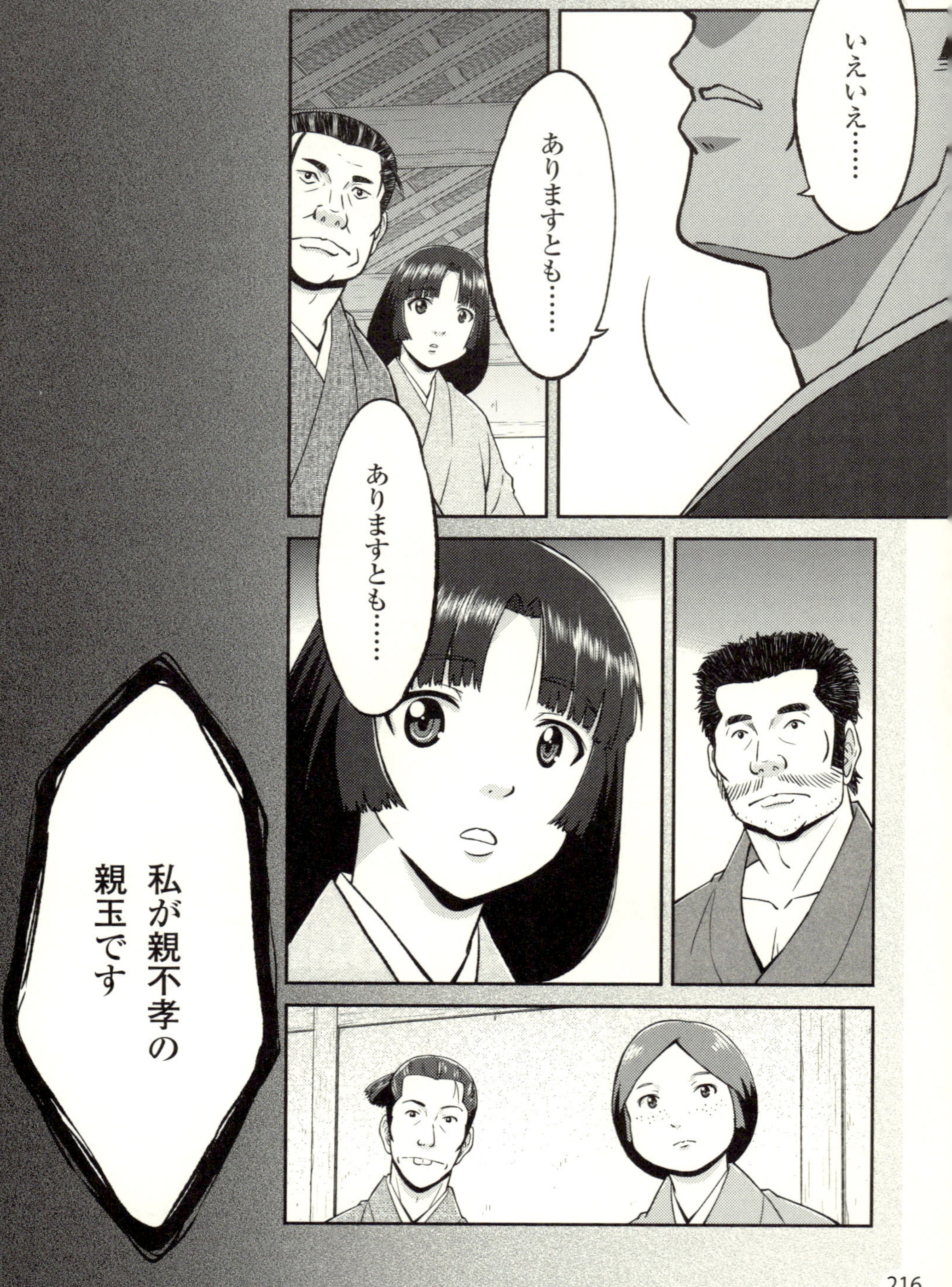

いえいえ……
ありますとも……
ありますとも……
私が親不孝の親玉です

その坊主《ぼうず》の
話を聞いたら
おっ母《かあ》の病が
治るとでもいうのか
いっそ早く
お迎《むか》えが来れば
おっ母《かあ》も楽だろうに
おっ母《かあ》が
死んだら
よかったのにな
ごめんね
ごめんね

こんな極悪人《ごくあくにん》を
そのまま乗せてくださる

大悲《だいひ》の願船《がんせん》でした

了顕《りょうけん》……大悲《だいひ》の願船《がんせん》に乗せていただいて
初めて親の大恩を知らされたのです
だが、遅《おそ》かった
おっ父《とう》もおっ母《かあ》も
もう……この世には
いませんでした……

私が今、大悲《だいひ》の願船《がんせん》に乗せていただいて
阿弥陀仏《あみだぶつ》の広大なご恩を知らされたのも
おっ父《とう》とおっ母《かあ》が
この世に生んで育ててくれたおかげです

阿弥陀《あみだ》さまに救われたら、そんなにハッキリするもんかのぉ
あ、わしもそこが知りたかったんじゃ
ああ、それは大事なことですよ
親鸞聖人《しんらんしょうにん》が阿弥陀仏《あみだぶつ》に救われて
絶対の幸福になられた時、こうおっしゃっていますよ

噫《ああ》！
阿弥陀仏《あみだぶつ》の本願《ほんがん》、まことだった！
本当だった!!
……と

誠《まこと》なるかなや、
阿弥陀仏《あみだぶつ》の本願《ほんがん》
誠《まこと》なるかなや、
阿弥陀仏《あみだぶつ》のお約束

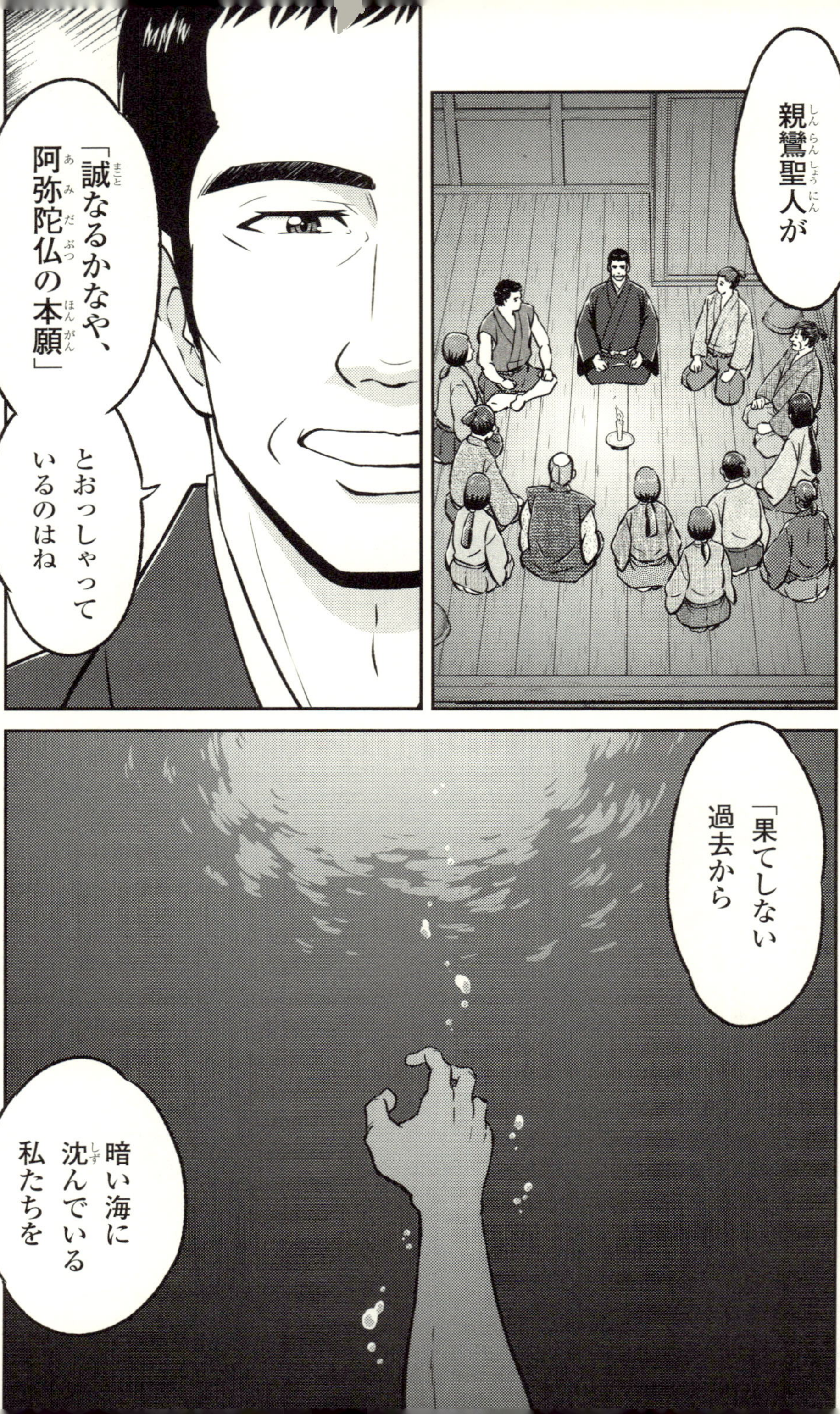

親鸞《しんらん》聖人《しょうにん》が
「誠《まこと》なるかなや、阿弥陀仏《あみだぶつ》の本願《ほんがん》」
とおっしゃっているのはね
「果てしない過去から
暗い海に沈《しず》んでいる私たちを

＊一念……何兆分の一秒よりも速い時間

一念《いちねん》*の瞬間《しゅんかん》に大船《たいせん》に乗せて
必ず浄土《じょうど》へ渡《わた》す」

……と
お約束されています
だが
私たちは、この阿弥陀仏《あみだぶつ》の本願《ほんがん》を疑って
大悲《だいひ》の願船《がんせん》に乗らず
苦しんでいるのですよ

その本願《ほんがん》の疑い晴れた
喜びを
「誠《まこと》なるかなや、阿弥陀仏《あみだぶつ》の本願《ほんがん》」
と言われているのです

まことだった
本当だったと
弥陀《みだ》の本願《ほんがん》まことを
聖人《しょうにん》は声を大にして、褒《ほ》めずにおれなかったのでしょう

そして、その阿弥陀仏《あみだぶつ》の大恩を詠《よ》まれたのが
恩徳讃
如来大悲の恩徳は
身を粉にしても
報ずべし
師主知識の恩徳も
骨を砕きても
謝すべし
あの恩徳讃《おんどくさん》なのです
皆《みな》さん
大悲《だいひ》の願船《がんせん》に乗せていただくまで
蓮如上人《れんにょしょうにん》のお話を
真剣《しんけん》に
よくよく聞かせていただきましょうね

そうか。もう村へ帰るのか
……はい
村のみんなが上人《しょうにん》さまのお手紙を待っていますから

でも私、必ず戻《もど》ってきます
もっと上人《しょうにん》さまのおそばで
ご法話をお聞きしたいのです
うむ
上人《しょうにん》さまも、きっとお喜びになるよ

……了顕《りょうけん》さま
ん？
了顕《りょうけん》さまは救われたのですか？
了顕《りょうけん》さまは……
幸せですか？

私ほどの幸せ者はいないよ

かくして
吉崎御坊《よしざきごぼう》には

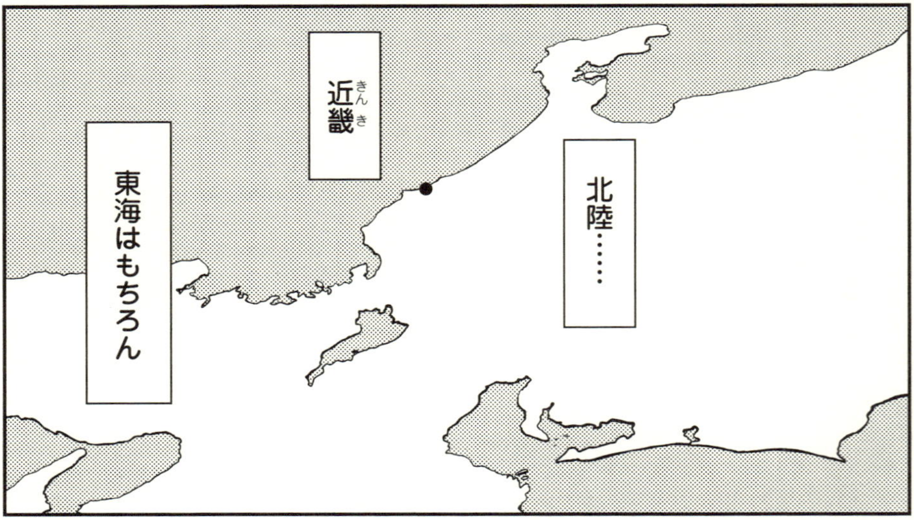
近畿《きんき》
北陸……
東海はもちろん

遠く関東
東北からも
蓮如上人《れんにょしょうにん》を慕《した》う
親鸞学《しんらんがく》徒《と》が続々と
参詣《さんけい》し
虎《とら》や狼《おおかみ》がすむと
いわれた
さびれた
北陸の一漁村が
門前市をなす
大繁盛《だいはんじょう》

あっという間に
一大仏法都市に
変貌《へんぼう》を遂《と》げたのである

まさに仏法力不思議《ぶっぽうりきふしぎ》としかいいようがなかった

だが

その繁栄《はんえい》は、またしても
他宗の者たちの、妬《ねた》み、そねみのもとになっていく

蓮如《れんにょ》が吉崎《よしざき》に来てから、檀家《だんか》は減る一方だ。皆《みな》取られてしまった
そのためか、最近、お布施《ふせ》や祈祷料《きとうりょう》は、さっぱりだ
京都で、僧兵《そうへい》どもに痛い目に遭《あ》わされたのに
懲《こ》りないやつらだ
このまま、見過ごしていいのか!
いいわけないだろう。何とかしなければ!
だが

吉崎《よしざき》は、湖に囲まれた天然の要塞《ようさい》だぞ
いや、打つ手はある
なんだ、それは
ちょっと、耳を貸せ……

大変お世話になりました……
気をつけて……

ザザザァ
ビュウ
ウウウ
すごい風!

文《ぶん》明《めい》6年（1474）

3月28日
ビュウウウウウ。。。。

吉崎御坊は、難攻不落の法城

北陸自動車道の加賀《かが》インターから、芦原温泉《あわらおんせん》へ向かって車を走らせると、十分もしないうちに、北潟湖《きたがたこ》に沿って道路が蛇行《だこう》し始めます。ちょうど国道と湖が最初に出合う所、その左側にそびえる小高い山が吉崎御坊跡《よしざきごぼうあと》です。（福井県《ふくいけん》あわら市吉崎《よしざき》）

百段以上もある石段を登り切ると、頂上は、驚《おどろ》くほど広い台地になっています。国の史跡《しせき》として三千坪《つぼ》が保存されているのです。

京都の本願寺《ほんがんじ》では、参詣者《さんけいしゃ》があふれ、本堂増築の手配に苦労してきた法敬房《ほうきょうぼう》が、

「ここならどんな広い本堂でも建てられます。もう増築の心配はいりません」

と喜びを語ったとおりです。

吉崎《よしざき》とは、どんな所だったのでしょうか。

「年来虎狼《ねんらいころう》の棲《す》みなれしこの山中《さんちゅう》をひき平《たい》らげて、七月二十七日より、かたの如《ごと》く一宇《いちう》を建立《こんりゅう》し……」

御文章《ごぶんしょう》（御文《おふみ》）にあるように、吉崎《よしざき》は、虎《とら》や狼《おおかみ》がすむ、と思われるほど、人気《ひとけ》のない寒村だったのです。

では、なぜ蓮如上人《れんにょしょうにん》は、そんな所に着目されたのでしょうか。

まずは、交通の便のよさです。福井《ふくい》から足羽川《あすわがわ》、九頭竜川《くずりゅうがわ》の船便を利用すれば、三国《みくに》経由で吉崎《よしざき》へ至ることができます。海路より北潟湖《きたがたこ》へ入り、吉崎《よしざき》に接岸できるので、遠方からの参詣者《さんけいしゃ》には、とても便利でした。しかも、越前《えちぜん》と加賀《かが》を結ぶ北陸街道が、

吉崎《よしざき》のすぐ近くを通っていました。風光明媚《ふうこうめいび》で静かな環境《かんきょう》、その上、海陸ともに交通至便となれば、聞法道場《もんぼうどうじょう》として理想的な場所だったのです。

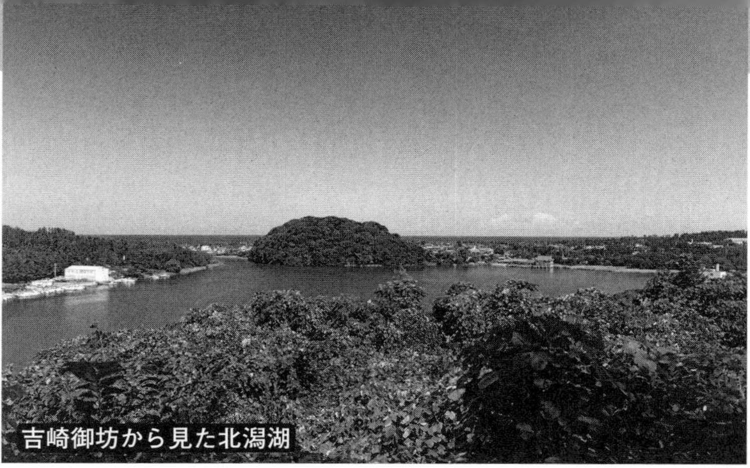

吉崎御坊から見た北潟湖

　もう一つ、重要なポイントは軍事面です。当時は、応仁《おうにん》の乱《らん》の余波で、各地で武力衝突《ぶりょくしょうとつ》が起きていました。たとえ、比叡山《ひえいざん》の僧兵《そうへい》の手が届かなくても、いつ、戦乱に巻《ま》き込《こ》まれるかしれない状況《じょうきょう》でした。

　吉崎《よしざき》は、当時、北潟湖《きたがたこ》に突出《とっしゅつ》した半島のような形をしていました。つまり、三方が湖に囲まれているので、敵の進攻《しんこう》を受けにくく、まさに天然の要害だったのです。

　事実、近辺で幾度《いくど》も合戦がありましたが、吉崎御坊《よしざきごぼう》は一度も攻撃《こうげき》を受けていません。それは、戦国の武将をして、「難攻不落《なんこうふらく》」と思わせるに充分《じゅうぶん》な守りだったからです。

　吉崎御坊《よしざきごぼう》が建立《こんりゅう》されると、周辺は急速に変貌《へんぼう》していきました。

　仏教を聞きたい人々が、全国から吉崎《よしざき》へ集《つど》います。吉崎《よしざき》へ移住して家を構える人々も現れてきました。わずか二年余りの間に、二百軒《けん》近い多屋《たや》（宿泊施設《しゅくはくしせつ》）や民家が軒《のき》を並べるようになったのです。「虎狼《ころう》のすみか」とまでいわれた北陸の一寒村が、あっという間に、広大な寺内町に発展したのでした。

（木村耕一）

第4章 恩徳讃燃ゆ

カチ
カチ
ヌッ

ビュウウウウ
グラッ
風が強すぎる！一度陸に着けよう
！
何だ……？
ありゃあ‼

ビュウウウウ
上人《しょうにん》さま!!

と……とにかく戻《もど》りましょう！
了《りょう》顕《けん》さま……

ゴオオオオオ
火事じゃ！
火事じゃ！
火の手は本堂に近づいているぞ！
バアアアア
御本尊《ごほんぞん》さまを！
御本尊《ごほんぞん》さまをご避難《ひなん》申せぇ!!

大変でございます。火事でございます
ダダダダダダダダ
大火事でございます！
上人《しょうにん》さま！
上人《しょうにん》さま！
！
早く！
早くご避難《ひなん》くださいませ！
教行信證
證巻

上人《しょうにん》さま!!
火事でございます!!
何？
火事だと……？
先ほど南大門の辺りから火の手が上がりまして
火はすでに本堂に迫《せま》っております！

それはいかん、法敬房《ほうきょうぼう》
御本尊《ごほんぞん》さまと『教行信証《きょうぎょうしんしょう》』を早く安全な所へ！
頼《たの》むぞ！
承知いたしました！
は！
道宗《どうしゅう》！
了顕《りょうけん》!!
上人《しょうにん》さま、この強風では、ここも危のうございます。早く、こちらへ！
うむ……

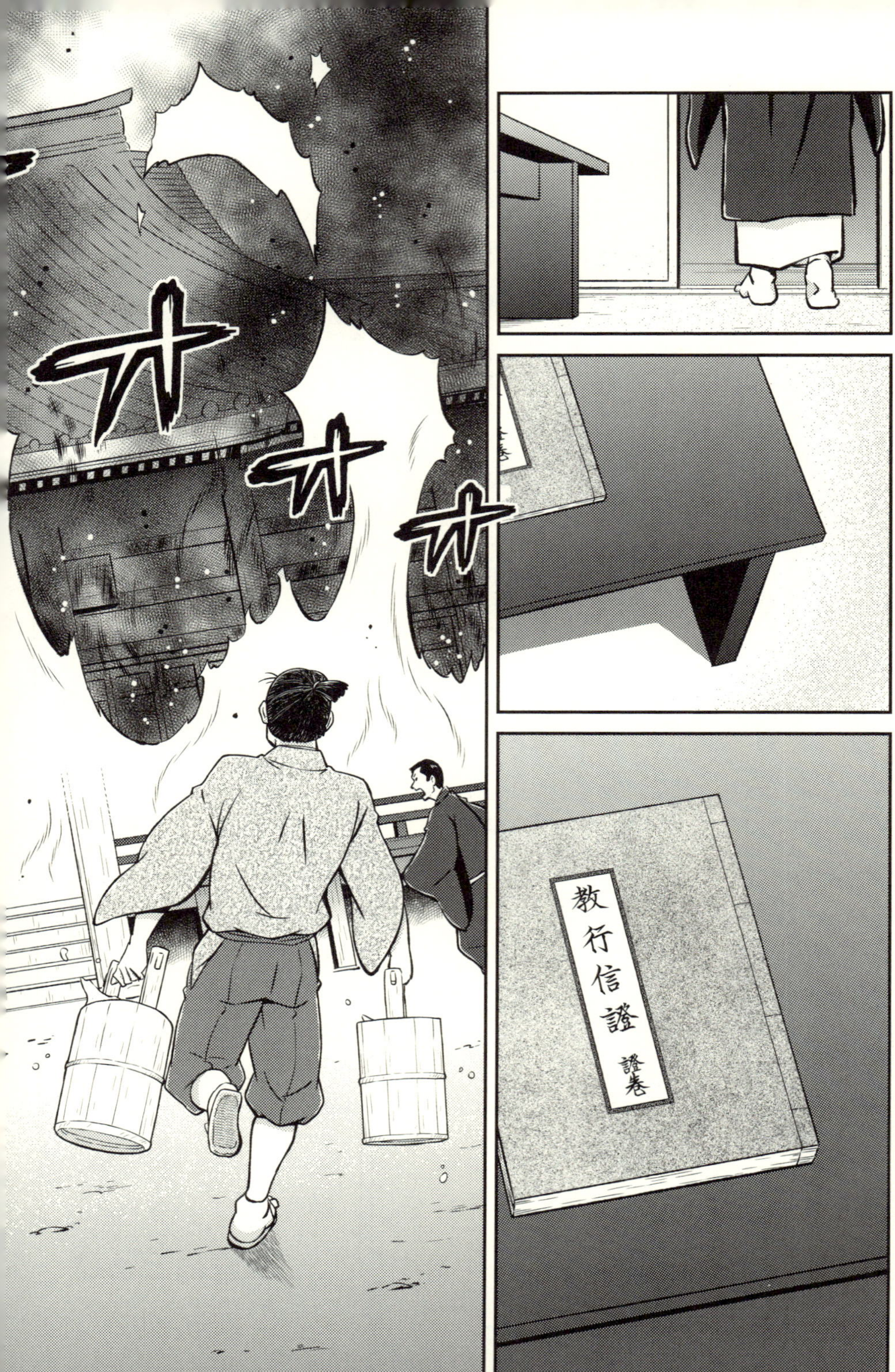
オ
オ
オ
教行信證
證巻

ゴオォォ

タ
タ
タ
タ

タ
タ
タ
タ
タ

上人《しょうにん》さま！
ご無事で
よかった……

上人《しょうにん》さま！
御本尊《ごほんぞん》さまと『教行信証《きょうぎょうしんしょう》』
確かにお護《まも》りいたしました

ホ…
おお。ご苦労じゃった
しかし、何ということか……
あまた門徒衆の吉崎《よしざき》建立《こんりゅう》のご苦労を
灰にしてしまうとは……

申し訳ない！
何を申されますか、上人《しょうにん》さま
我らは何を失いましょうとも上人《しょうにん》さまさえご無事なら……
……

教行信證 證巻

しまった!!
上《しょう》人《にん》さま！
どうされました!?
上《しょう》人《にん》さま！

法敬《ほうきょう》、放せ!!
蓮如《れんにょ》、一生の不覚じゃ
なりませぬ！上人《しょうにん》さま!!
お気をお静めくださいませ！
法敬《ほうきょう》！

机の上に『教行信証《きょうぎょうしんしょう》』＊証《しょう》の巻《まき》
置き忘れたのじゃ!!
な、何と⁉
しょ、上人《しょうにん》さま
しかし……
＊教行信証……親鸞聖人の主著。教巻・行巻・信巻・証巻・真仏土巻・化身土巻の全六巻からなる

この猛火《もうか》では
とても、とても
かないませぬ
放せ！
放してくれ！

親鸞《しんらん》さまに申し訳が立たぬ！
放せ！
放せぇ！

!
お許しください、上人《しょうにん》さま！
ぐっ

この了顕《りょうけん》、一命に代えても
『教行信証《きょうぎょうしんしょう》』証《しょう》の巻《まき》
必ずお護《まも》りいたします！
了顕《りょうけん》……

了《りょう》顕《けん》!!

本光房《ほんこうぼう》！
了顕《りょうけん》！
了顕《りょうけん》さま!!

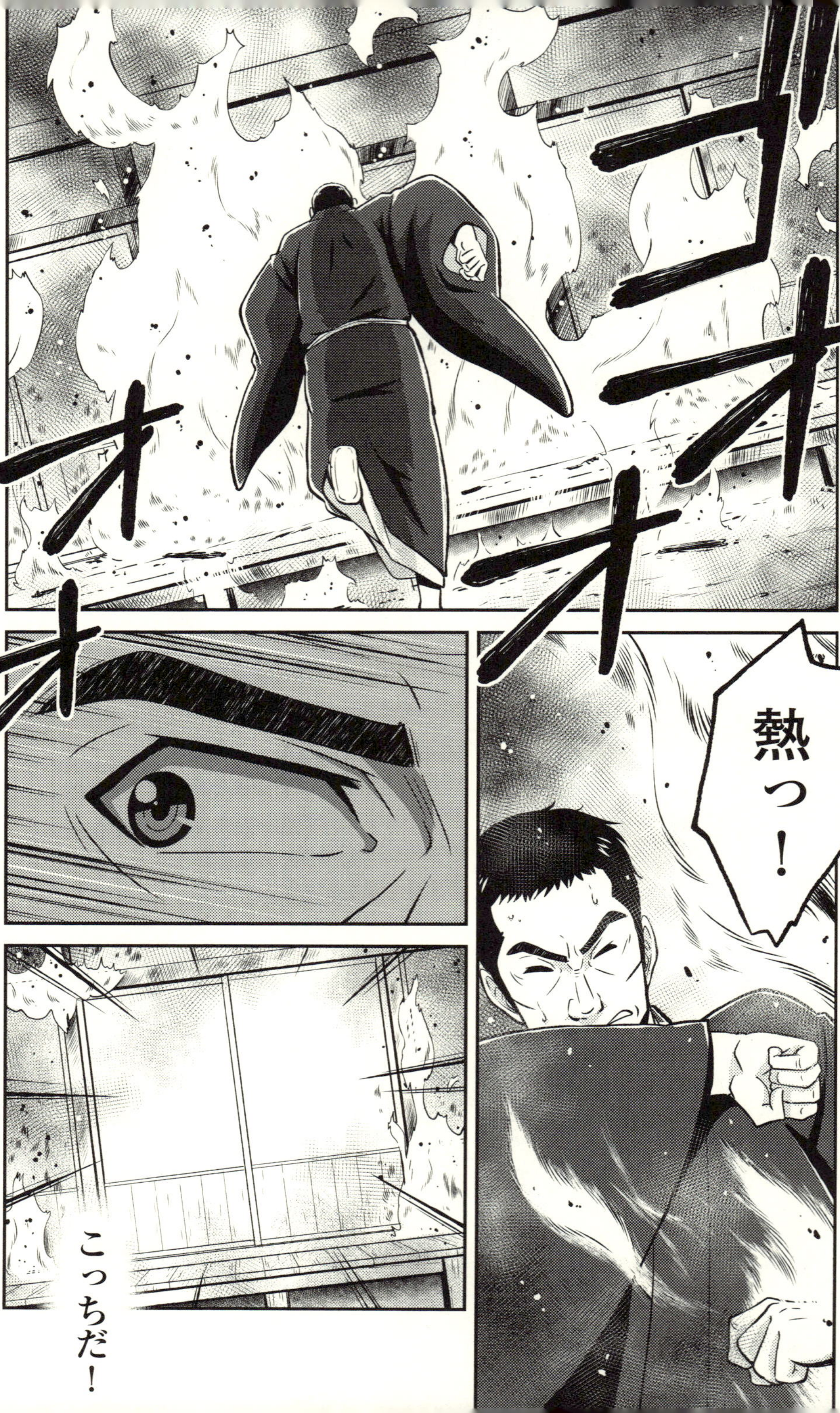
ゴオオオオ
熱っ！
こっちだ！

ぐっ！

ガガガッ
ゴホッ
ゴホッ

ガタ
もう少し……

ズ

オオオオオ

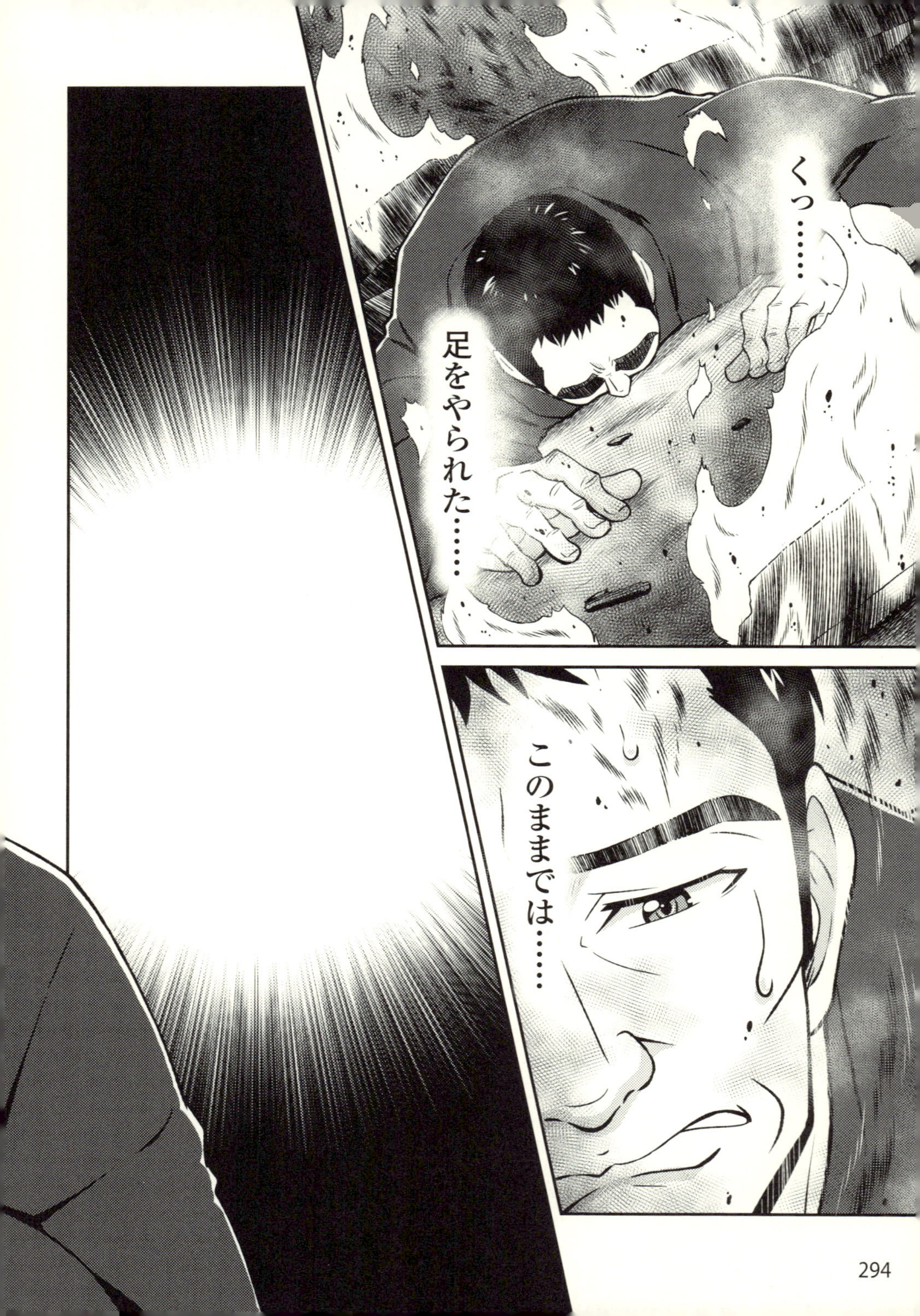
くっ……
足をやられた……
このままでは……

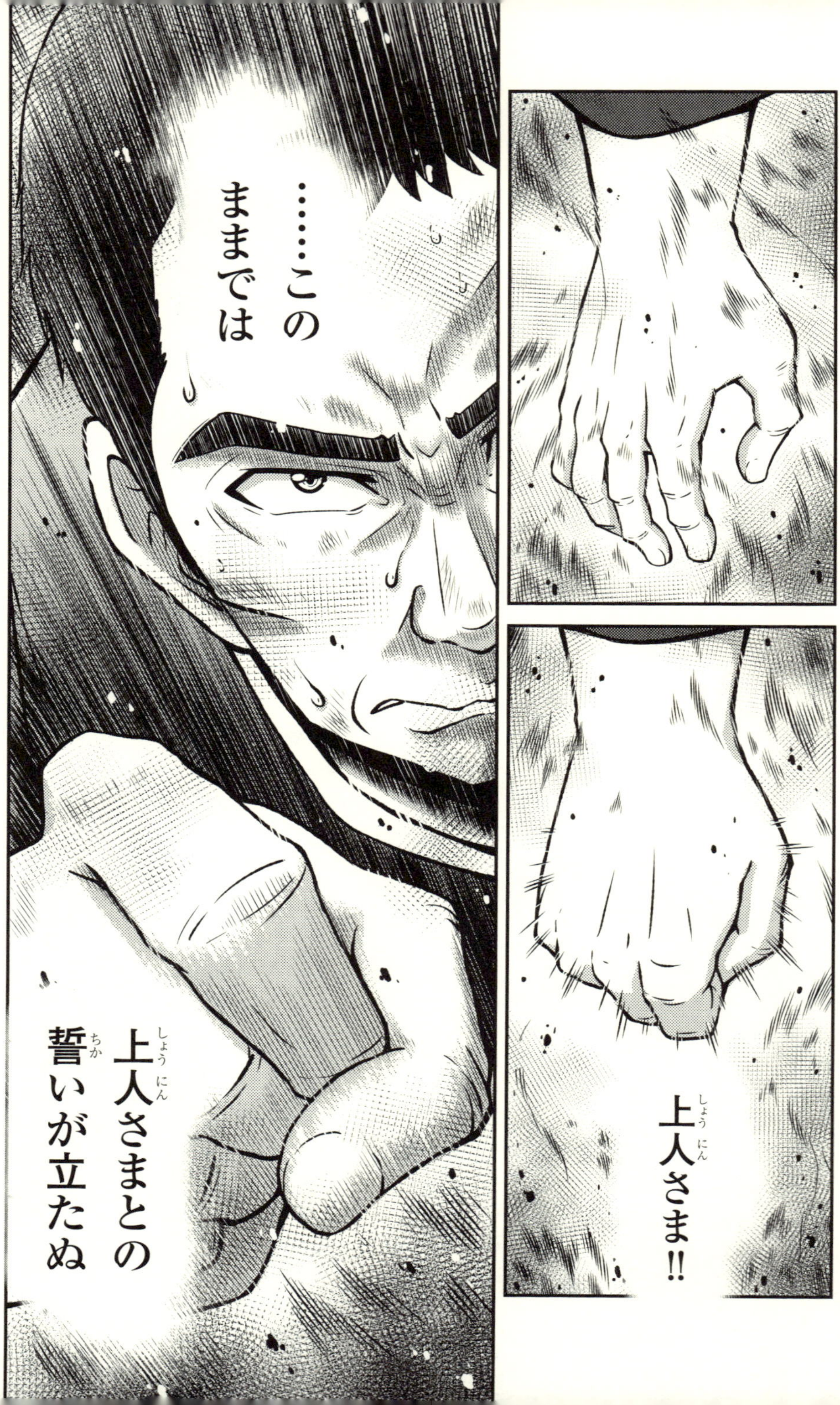
上人《しょうにん》さま!!
……このままでは
上人《しょうにん》さまとの誓《ちか》いが立たぬ

如《にょ》来《らい》大《だい》悲《ひ》の
恩《おん》徳《どく》は
身《み》を粉《こ》にしても
報《ほう》ずべし

師《し》主《しゅ》知《ち》識《しき》の恩《おん》徳《どく》も
骨《ほね》を砕《くだ》きても

謝《しゃ》すべし

教行信證
證巻

ああっ！
ありがたや！
もったいなや！
これぞ阿弥陀仏《あみだぶつ》のご加護！

……しかし
足の感覚がない……
このままでは……

この『教行信証《きょうぎょうしんしょう》』だけは……
「なぜ生きる」の答えだけは

何としてもお護《まも》りしなければ

これからの幾億兆《いくおくちょう》もの人々が
救われぬではないか!!

一体どうすれば……

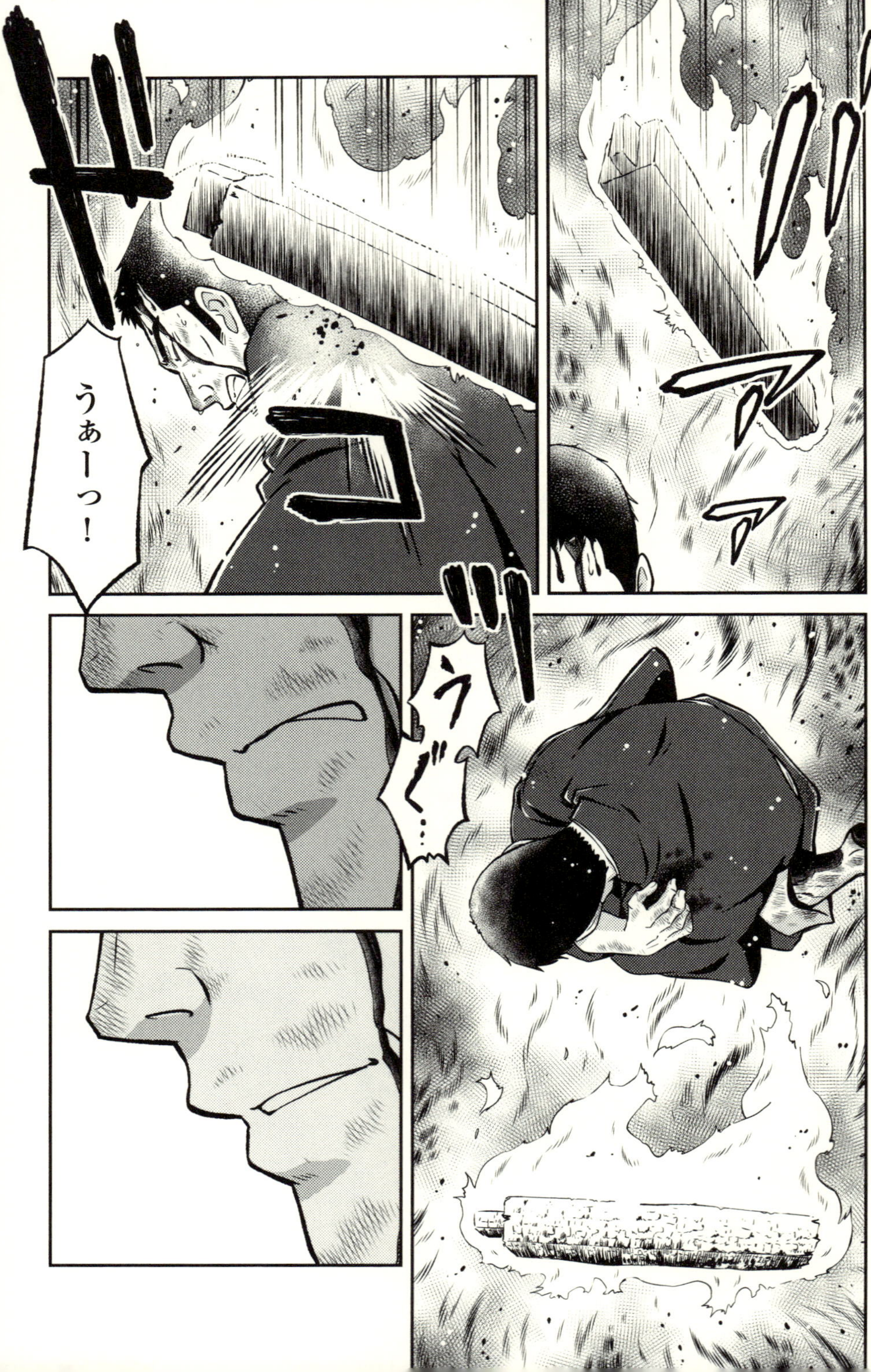
ガッ
ゴ
ゴゴ
ァァァ
うあーっ！
ズ
うぐ…

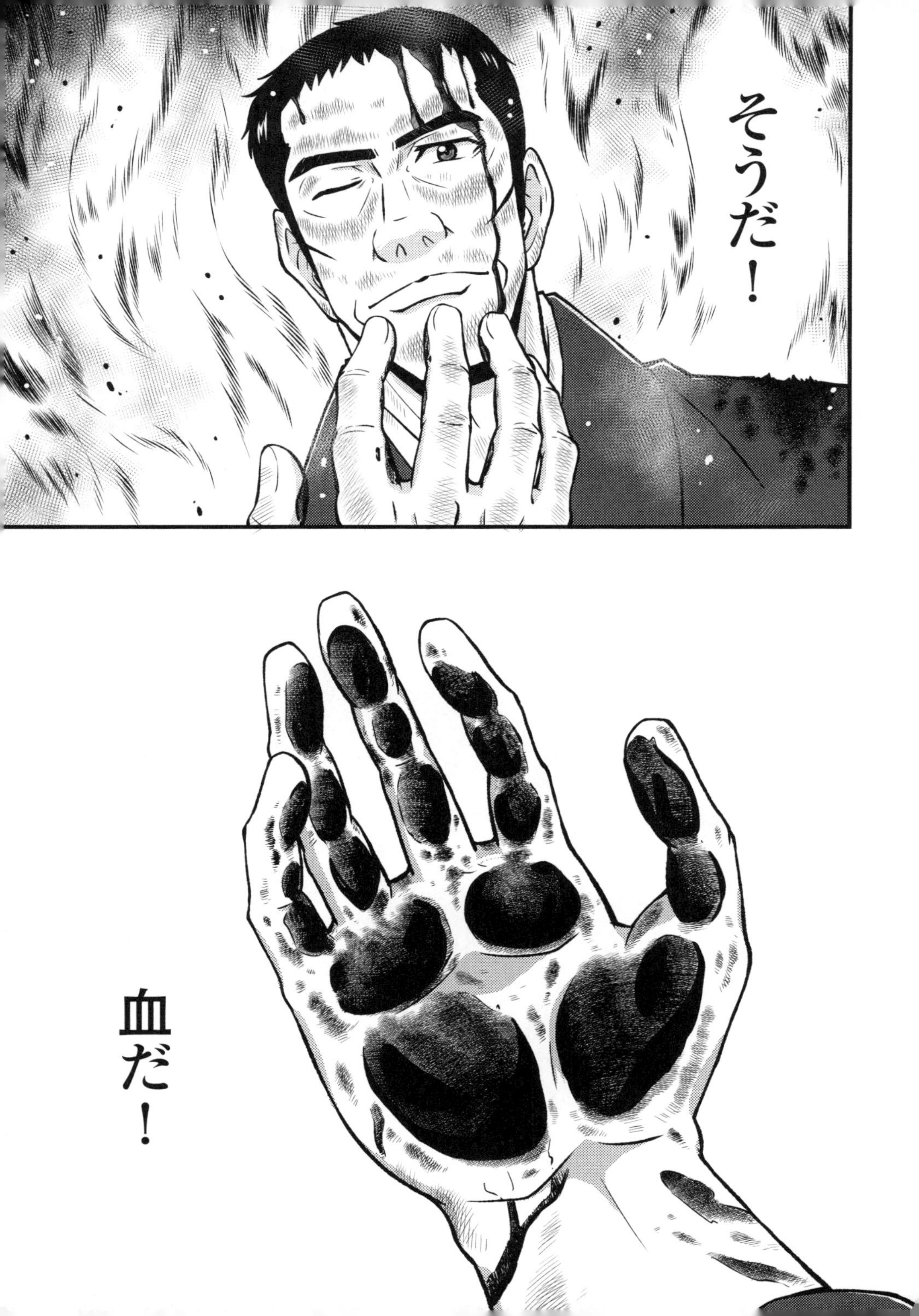
そうだ！
血だ！

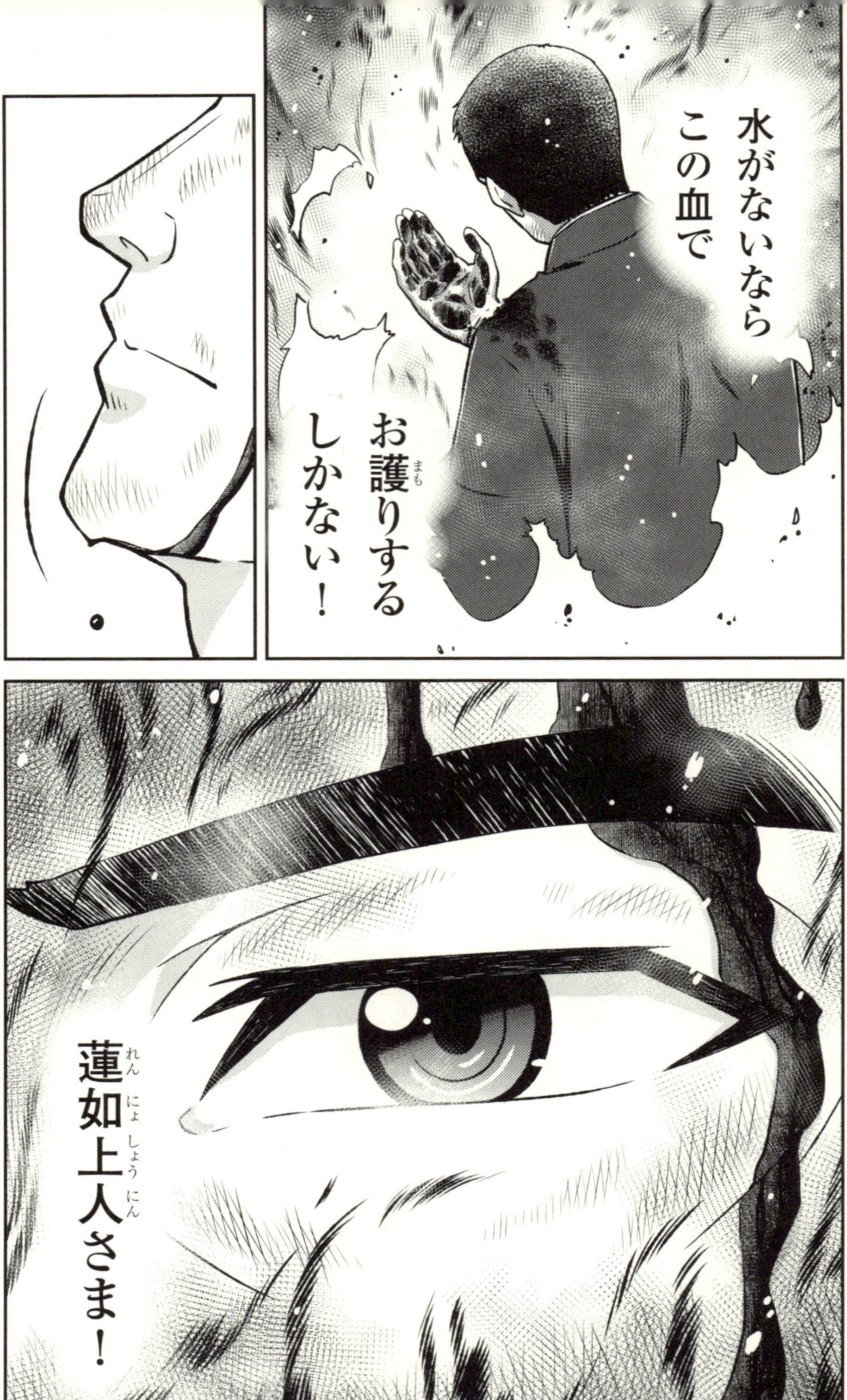
水がないなら
この血で
お護《まも》りする
しかない！
蓮《れん》如《にょ》上《しょう》人《にん》さま！

上人《しょうにん》さまに
お遇《あ》いし
阿弥陀仏《あみだぶつ》に救って
いただいた
本光房了顕《ほんこうぼうりょうけん》！
本当に幸せ者で
ございました

真実の仏法を後世《こうせい》に伝え残すことが
教行信證
證巻
ご恩に報《むく》いるただ一つの道！

一度は散りゆく命
教
仏法のためならば
こんな本望《ほんもう》は
ございません

南無阿弥陀仏《なむあみだぶつ》……

親《しん》鸞《らん》聖《しょう》人《にん》の教えはただ一つ！
なぜ生きる！
なぜ生きるの答えでした!!

ここはよい！
南無阿弥陀仏《なむあみだぶつ》……

……お先にお浄土《じょうど》へ

南無阿弥陀仏《なむあみだぶつ》……

南無阿弥陀仏《なむあみだぶつ》……

本光房《ほんこうぼう》よーっ！
了顕《りょうけん》よーっ！

本光房《ほんこうぼう》よーっ！
了顕《りょうけん》よーっ！

ああ、何たることか
親鸞《しんらん》聖人《しょうにん》直筆の証《しょう》の巻《まき》を失い、本光房《ほんこうぼう》までも……
上人《しょうにん》さま
本光房《ほんこうぼう》に万が一のことがありましょうとも、
彼《かれ》が自ら選んだ道。決して悔《く》ゆるものではありますまい……

本光房《ほんこうぼう》よ！
了顕《りょうけん》よ！
了顕《りょうけん》さん!!
本光房《ほんこうぼう》ーっ
了顕《りょうけん》さま！

本光房《ほんこうぼう》さま！
そっちはどうだ
ザッ
ああ！

了顕《りょうけん》が！
了顕《りょうけん》がここに！

お、おお……
了顕《りょうけん》！

わが過《あやま》ちで……！
本光房《ほんこうぼう》、すまぬ、許してくれ……！

上人《しょうにん》さま!!
本光房《ほんこうぼう》が……
了顕《りょうけん》が……!
な、なんと!
腹に……
腹の中に!

おお、本《ほん》光《こう》房《ぼう》
よくぞそこまで……
けなげであった……

蓮《れん》如《によ》の果たさねばならぬことを……
本《ほん》光《こう》房《ぼう》……そなたこそ、
まことの仏法者
そなたの決死の報恩
教行信證
證巻
親《しん》鸞《らん》学《がく》徒《と》の鑑《かがみ》じゃ

永久《とわ》に人類を照らす

灯炬《とうこ》になるであろう！

かくして
吉崎御坊《よしざきごぼう》は
焼失したが
了顕《りょうけん》が腹の中に
押《お》し入《い》れ護《まも》り抜《ぬ》いた
「なぜ生きる」の答え
親鸞聖人《しんらんしょうにん》の
『教行信証《きょうぎょうしんしょう》』証《しょう》の巻《まき》は
「腹ごもりの聖教《しょうぎょう》」
とも

「血染めの聖教《しょうぎょう》」とも呼ばれ
今に厳存《げんぞん》している

蓮如上人《れんにょしょうにん》の元には
本光房了顕《ほんこうぼうりょうけん》のような
真実の
仏法を知り……
永遠の幸福に
生かされた
多くの若《わか》き
親鸞学徒《しんらんがくと》が
参集し

人類永遠の救済に
立ち上がって
いたのである

大悲の願船

漫画

なぜ生きる

——蓮如上人と吉崎炎上

解 説

伊藤 健太郎

〈プロフィール〉

伊藤 健太郎
（いとう けんたろう）

昭和44年、東京都生まれ。東京大学大学院修士課程修了（専攻 科学哲学）。作家。
著書に『なぜ生きる』（共著）、『親鸞聖人を学ぶ』（共著）、『男のための自分探し』、『運命を切り開く因果の法則』、『人は、なぜ、歎異抄に魅了されるのか』などがある。

1 「阿弥陀仏」と「釈迦」の関係は？

仏教では、さとりに五十二の段階があると説かれ、その中で最高の位である仏覚《ぶっかく》（仏のさとり）を開いた人だけを、「仏」という。まだ仏のさとりに向かって進んでいる途中《とちゅう》の人は、「菩薩《ぼさつ》」と呼ばれる。

「釈迦牟尼仏《しゃかむにぶつ》」のことを、「釈迦牟尼如来《しゃかむににょらい》」ともいうように、「仏」と「如来《にょらい》」は同じである。「如来《にょらい》」とは、真如《しんにょ》（万人を幸福にする真理）を体得して、この世に来た人を意味する。

地球上に現れた仏は釈迦《しゃか》一人だが、大宇宙には地球のようなものは無数にある。だから十方世界《じっぽうせかい》（大宇宙）には、数え切れないほどの仏が現れていると、釈迦《しゃか》は説いている。よく知られているのは大日如来《だいにちにょらい》や薬師如来《やくしにょらい》、奈良の大仏は毘盧遮那如来《びるしゃなにょらい》といわれる仏だが、それらの仏を「十方の諸仏《じっぽうのしょぶつ》」という。

中でも「阿弥陀如来《あみだにょらい》」という仏は、十方諸仏《じっぽうしょぶつ》の本師本仏（師匠《ししょう》）であり、あらゆる仏の師だと説かれている。釈迦《しゃか》をはじめ大宇宙の仏は皆《みな》、阿弥陀仏《あみだぶつ》のお弟子《でし》である。弟子《でし》の伝えることは、師匠《ししょう》の正しい御心《みこころ》（本当に願っていること）以外にない。だから地球の釈迦《しゃか》はいうに及《およ》ばず、十方諸仏《じっぽうしょぶつ》の教えていることは、阿弥陀仏《あみだぶつ》の救《すく》いただ一つなのである。

阿弥陀如来《あみだにょらい》は、釈迦如来《しゃかにょらい》が私たちに紹介《しょうかい》してくださった、師の仏であり、弟子《でし》とは全く別格であることを、蓮如上人《れんにょしょうにん》は易しく、こう教えられている。

すべての人は大宇宙のあらゆる仏から、「助ける縁《えん》なき者」と捨てられた極悪人《ごくあくにん》である。

私たちがそんな者だから、本師本仏《ほんしほんぶつ》の阿弥陀如来《あみだにょらい》のみが奮い立たれ、「われ、ひとり助けてみせる」という、大宇宙に二つとない崇高《すうこう》な誓願《せいがん》（約束）を建てられたのである。

〔原文〕それ、十悪《じゅうあく》・五逆《ごぎゃく》の罪人《ざいにん》も、（中略）空《むな》しく皆十方《みなじっぽう》・三世《さんぜ》の諸仏《しょぶつ》の悲願《ひがん》に洩《も》れて、捨《す》て果《は》てられたる我等如《われらごと》きの凡夫《ぼんぶ》なり。

然《しか》れば、ここに弥陀如来《みだにょらい》と申《もう》すは、三世十方《さんぜじっぽう》の諸仏《しょぶつ》の本師本仏《ほんしほんぶつ》なれば、（中略）弥陀《みだ》にかぎりて、「われひとり助《たす》けん」という超世《ちょうせ》の大願《だいがん》を発《おこ》して

（『御文章《ごぶんしょう》』二帖目八通）

世界中の医師がさじを投げた難病人を、ただ一人、治せる名医がいたら、すべての医師から絶賛されるであろう。大宇宙の仏から見捨てられた私たちを、阿弥陀仏《あみだぶつ》だけが助ける力があるから、「さすがは我らの師」と十方諸仏《じっぽうしょぶつ》が称賛《しょうさん》するのである。

あらゆる仏が異口同音に弥陀《みだ》を褒《ほ》め称《たた》えていることを、釈迦《しゃか》は次のように説かれている。

阿弥陀仏《あみだぶつ》の不可思議のお力は、無限である。大宇宙の無数の仏方で、阿弥陀仏《あみだぶつ》を絶賛しない仏はない。

〔原文〕無量寿仏《むりょうじゅぶつ》の威神極《いじんきわ》まり無《な》し。十方世界《じっぽうせかい》の無《む》量無辺不可思議《りょうむへんふかしぎ》の諸仏如来《しょぶつにょらい》、彼《かれ》を称歎《しょうたん》せざるはなし

（大無量寿経《だいむりょうじゅきょう》）

この釈迦《しゃか》の教えを、そのまま伝えられた方が親鸞《しんらん》聖人《しょうにん》（一一七三―一二六二）だから、聖人《しょうにん》の著述も、阿弥陀仏《あみだぶつ》の讃嘆《さんだん》で埋《う》め尽《つ》くされている。

2 「釈迦の教えは、これ一つ」と、親鸞聖人が、断言されたものは何か

あらゆる仏は、衆生救済《しゅじょうきゅうさい》の本願《ほんがん》（誓《ちか》い）を建てており、例えば薬師如来《やくしにょらい》の十二願や、釈迦如来《しゃかにょらい》の五百願などがある。だが「阿弥陀仏《あみだぶつ》の本願《ほんがん》」は、他の仏とは桁違《けたちが》いに素晴《すば》らしいお約束なので、浄土真宗《じょうどしんしゅう》で「本願《ほんがん》」といえば、「阿弥陀仏《あみだぶつ》の本願《ほんがん》」に限る。

阿弥陀仏《あみだぶつ》は、「どんな人も必ず絶対の幸福に救う」と誓《ちか》われている。「絶対の幸福」とは、どんなことがあっても変わらぬ幸福である。

生きる目的は幸福だとパスカルも言う。自殺するのも楽を願ってのことであり、すべて人の営みは、幸せの他にはありえない。

だが、私たちの追い求める喜びは、有為転変《ういてんぺん》、やがては苦しみや悲しみに変質し、崩壊《ほうかい》、烏有《うゆう》に帰することさえある。

結婚《けっこん》の喜びや、マイホームの満足は、どれだけ続くだろう。配偶者《はいぐうしゃ》がいつ病や事故で倒《たお》れたり、惚《ほ》れた腫《は》れたは当座のうち、破鏡の憂《う》き目《め》にあうかもしれぬ。

夫を亡《な》くして苦しむ妻、妻を失って悲しむ夫、子供に裏切られ激怒《げきど》する親、最愛の人との離別《りべつ》や死別。世に愁嘆《しゅうたん》の声は満ちている。

生涯《しょうがい》かけて築いた家も、一夜のうちに灰燼《かいじん》に帰し、昨日まで団欒《だんらん》の家庭も、交通事故や災害で、「まさか、こんなことになろうとは……」。

天を仰《あお》いで茫然自失《ぼうぜんじしつ》。つらい涙《なみだ》であふれているの

が現実だ。
瓢箪《ひょうたん》の川流れのように、今日あって明日なき幸福は、薄氷《はくひょう》を踏《ふ》む不安がつきまとう。たとえしばらく続いても、死刑《しけい》前夜の晩餐会《ばんさんかい》で、総くずれの終末は、悲しいけれども迫《せま》っている。
それを蓮如上人《れんにょしょうにん》は、こう警鐘乱打《けいしょうらんだ》されている。

病にかかれば妻子が介抱《かいほう》してくれよう。財産さえあれば、衣食住の心配は要《い》らぬだろうと、日頃《ひごろ》、あて力《ちから》にしていても、次の世に旅立つ時は、妻も子供も、連れになってはくれない。この世のもの何一つ、持ってはいけないのだ。死出《しで》の山路《やまじ》は、ただ一人。丸裸《まるはだか》で一体、どこへ行くのだろうか。
〔原文〕まことに死せんときは、予《かね》てたのみおきつる妻子も財宝も、わが身には一つも相添《あいそ》うことあるべからず。されば死出《しで》の山路《やまじ》のすえ、三途《さんず》の大河《だいが》をば、唯一人《ただひとり》こそ行きなんずれ
（『御文章《ごぶんしょう》』一帖目十一通）

ふっと死の影《かげ》が頭をよぎる時、一切《いっさい》の喜びが空《むな》しさを深め、〝なぜ生きる〟と問わずにおれなくなる。
老いと病と死によっても壊《こわ》れない、「絶対の幸福」こそが人生の目的である。
ひとたび阿弥陀仏《あみだぶつ》より「絶対の幸福」を賜《たまわ》れば、いつでもどこでも満足いっぱい、喜びいっぱい、人生本懐《ほんがい》の醍醐味《だいごみ》が賞味できる。
親鸞聖人《しんらんしょうにん》の、その歓喜《かんぎ》の証言を聞いてみよう。

まことだった、まことだった！　絶対の幸福、本当だった！　阿弥陀仏《あみだぶつ》の本願《ほんがん》ウソではなかった！
〔原文〕誠《まこと》なるかなや、摂取不捨《せっしゅふしゃ》の真言《しんごん》、超世希有《ちょうせけう》の正法《しょうぼう》
（『教行信証《きょうぎょうしんしょう》』総序《そうじょ》）

永久《とわ》の闇《やみ》より救われて苦悩渦巻《くのううずま》く人生が、そのまま絶対の幸福に転じた聖人《しょうにん》の、驚《おどろ》きと慶喜《きょうき》の絶叫《ぜっきょう》である。

この「阿弥陀仏《あみだぶつ》の本願《ほんがん》」を説くことこそ、釈迦《しゃか》の任務であった。

釈迦《しゃか》の生涯《しょうがい》、説かれたことは、「一切経《いっさいきょう》」と呼ばれる七千余巻の経典《きょうてん》に書き残されている。それだけ膨大《ぼうだい》な経典《きょうてん》があっても、釈迦《しゃか》の本心が説かれた真実の経《きょう》は、『大無量寿経《だいむりょうじゅきょう》』ただ一つだと、親鸞聖人《しんらんしょうにん》は断言されている。

最初から深遠な真実を説いても、誰《だれ》も理解できないから、そこまで導くのに必要な準備（方便《ほうべん》）として説かれたのが、他の経典《きょうてん》なのである。

『大無量寿経《だいむりょうじゅきょう》』上巻には、阿弥陀仏《あみだぶつ》が本願《ほんがん》を建てられ、救う準備を完了《かんりょう》された経緯《けいい》が、下巻には、どうすれば救われるかが説かれている。

親鸞聖人《しんらんしょうにん》が主著『教行信証《きょうぎょうしんしょう》』に、「それ真実の教《きょう》を顕《あらわ》さば、すなわち『大無量寿経《だいむりょうじゅきょう》』これなり」と道破された根拠《こんきょ》はいくつもあるが、まず釈迦《しゃか》が自ら『大無量寿経《だいむりょうじゅきょう》』を説く時に、

「私がこの世に生まれ出た目的は、一切《いっさい》の人々を絶対の幸福に導く、この経《きょう》を説くためであったのだ」

と明言しているからである。

そして最後に釈迦《しゃか》は、

「この経《きょう》は、一切《いっさい》の経典《きょうてん》が滅《めっ》する時が来ても残り、全ての人が真実の幸福に救済されるであろう」

と予言されている。

弥陀《みだ》の本願《ほんがん》を説き終えた釈迦《しゃか》が、いかにも満足そうに、

「これで如来《にょらい》として、なすべきことは、皆《みな》なし終わった」

と慶喜《きょうき》されたことからも、『大無量寿経《だいむりょうじゅきょう》』こそ、釈《しゃ》迦《か》が一切経《いっさいきょう》を説いた目的であることは明白だ。釈迦《しゃか》

一代の教えは、阿弥陀仏《あみだぶつ》の本願《ほんがん》に収まるのである。親鸞聖人《しんらんしょうにん》の教えといっても、その釈迦《しゃか》の教え以外になかったから、親鸞《しんらん》・蓮如両聖人《れんにょりょうしょうにん》の伝えられたこともまた、弥陀《みだ》の本願《ほんがん》ただ一つであった。

3 「なぜ生きる」の答えを、親鸞聖人は、どう教えられたのか

私たちは、なんのために生まれてきたのか、何のために生きているのか。苦しくても、なぜ生きねばならぬのか。誰《だれ》もが、知りたいことであろう。それに答えられたのが、親鸞聖人《しんらんしょうにん》である。

聖人《しょうにん》は主著『教行信証《きょうぎょうしんしょう》』冒頭《ぼうとう》に、こう言われている。

阿弥陀仏《あみだぶつ》の本願《ほんがん》は、苦しみの海に溺《おぼ》れる私たちを乗せて、必ず無量光明土《むりょうこうみょうど》（極楽浄土《ごくらくじょうど》）に渡《わた》す大船《たいせん》だ。

〔原文〕難思《なんし》の弘誓《ぐぜい》は、難度《なんど》の海《うみ》を度《ど》する大船《たいせん》

（『教行信証《きょうぎょうしんしょう》』総序《そうじょ》）

親鸞聖人《しんらんしょうにん》は、苦しみの絶えない人生を、荒波《あらなみ》の絶えない海に例えられて、「難度《なんど》の海《うみ》」（渡《わた》りにくい海）といわれている。すべての人は、生まれた時に、この大海原《おおうなばら》に、投げ出されるのである。

海に投《な》げ込《こ》まれたら、どこかに向かって泳ぐしかないように、全人類は生まれるが早いか、昨日から今日、今日から明日へと、泳ぎ続けなければならな

い。

だが、方角も分からず泳いでいたら、力尽《ちからつ》きて溺《おぼ》れ死《し》ぬだけである。そうと分かっていても、私たちは、何かに向かって泳ぐしかない。泳《およ》ぎ疲《つか》れて、近くの浮《う》いた板切れにすがっても、ホッと一息つく間もなく、思わぬ方から波をかぶり、せっかくの板切れに見放され、塩水のんで苦しむ。

「あぁ、あれは、板切れが小さかったからだ」と思い直し、もっと大きな丸太ん棒を求めて泳ぐ。やっと大きな丸太ん棒につかまって、いい気分に浮《う》かれていると、さらに大きな波に襲《おそ》われ、また塩水のんで苦しまなければならない。

死ぬまで、その繰《く》り返《かえ》しで、難度海《なんどかい》の苦しみには、果てしがないのである。

海に溺《おぼ》れる人が、何かにすがらずにおれないように、人間は何かをあて力《ちから》にし、生きがいにしなければ、生きてはいけない。だが親鸞聖人《しんらんしょうにん》は、妻や子供や金や財産などの生きがいは、みんな大海に浮《う》いている、板切れや丸太ん棒であり、必ず裏切っていくものだと断言されている。

火宅《かたく》のような不安な世界に住む、煩悩《ぼんのう》にまみれた人間のすべては、そらごと、たわごとばかりで、真実は一つもない。

〔原文〕煩悩具足《ぼんのうぐそく》の凡夫《ぼんぶ》・火宅無常《かたくむじょう》の世界《せかい》は、万《よろず》のこと皆《みな》もってそらごと・たわごと・真実《まこと》あることなきに

（『歎異抄《たんにしょう》』後序《こうじょ》）

生きがいにしていたものに裏切られると、たちまち苦悩《くのう》に襲《おそ》われる。健康に裏切られたのが病苦であり、恋人《こいびと》に裏切られたのが失恋《しつれん》の悲しみだろう。

夫や妻を亡くして虚脱《きょだつ》の人、子供に先立たれて悲《ひ》嘆《たん》の人、財産や名誉《めいよ》が胡蝶《こちょう》の夢と化した人、みな生

きがいの明かりが消えた、暗い涙《なみだ》の愁嘆場《しゅうたんば》である。皮肉にも、信《しん》じ込《こ》みが深いほど、裏切られた苦悩《くのう》や怒《いか》りは、ますます広まり深さを増す。

では、この世に、私を捨てないものがあるだろうか。

地震《じしん》、台風、落雷《らくらい》、火災、殺人、傷害、窃盗《せっとう》、病気や事故、肉親との死別、事業の失敗、リストラなど……。いつ何が起きるか分からない泡沫《ほうまつ》の世に生きている。

盛者必衰《じょうしゃひっすい》、会者定離《えしゃじょうり》、物盛《さか》んなればすなわち衰《おとろ》う、今は得意の絶頂でも必ず崩落《ほうらく》がやってくる。出会いの喜びがあれば、別れの悲しみが待っている。

一つの悩《なや》みを乗《の》り越《こ》えても、裏切りの尽《つ》きぬ不安な世界だから、火のついた家に例えて親鸞聖人《しんらんしょうにん》は、「火宅無常《かたくむじょう》の世界《せかい》」と告発される。

そんな苦しみや不安の絶えない人生の海を、明るく楽しく渡《わた》す大きな船があると喝破《かっぱ》されたのが、先の「難思《なんし》の弘誓《ぐぜい》は、難度《なんど》の海《うみ》を度《ど》する大船《たいせん》」である。

「難思《なんし》の弘誓《ぐぜい》」とは、「阿弥陀仏《あみだぶつ》の本願《ほんがん》」のことである。

「難思《なんし》」とは、「想像できない」という意味で、やがて崩《くず》れる幸福しか知らない我々には、「絶対の幸福に救う」という約束は、とても想像できないから「難思《なんし》」といわれる。

「弘誓《ぐぜい》」とは、「広い誓《ちか》い」ということである。

阿弥陀仏《あみだぶつ》は、すべての人を相手に、「どんな人も必ず救う」と誓《ちか》われている。約束の対象が大変広い、想像もできない誓《ちか》いだから、弥陀《みだ》の本願《ほんがん》を「難思《なんし》の弘誓《ぐぜい》」といわれるのである。

弥陀《みだ》の本願《ほんがん》の大船《たいせん》に乗って、絶対の幸福になることこそ人生の目的。親鸞聖人《しんらんしょうにん》が九十年の生涯《しょうがい》、教えられたことは、これ以外なかった。

この大船《たいせん》は、難度《なんど》の海《うみ》に苦しむ私たちを乗せて、極楽浄土《ごくらくじょうど》まで渡《わた》すために、阿弥陀仏《あみだぶつ》の本願《ほんがん》によって造られた船だから、聖人《しょうにん》は「大悲《だいひ》の願船《がんせん》」（大慈悲《だいじひ》の願いによって造られた船）とも言われている。

　ところが私たちには、この大悲《だいひ》の願船《がんせん》を見る眼《め》もなければ、必死に呼ばれる、船長の声を聞く耳も持ってはいない。

　その実態を聖人《しょうにん》は、こう説かれている。

大悲《だいひ》の願船《がんせん》に乗せていただけば、すべて船頭（阿《あ》弥陀仏《みだぶつ》）まかせで安楽に浄土《じょうど》へ往《ゆ》けるから、これほど往《ゆ》き易《やす》いところはないと、釈迦《しゃか》は説かれている。

　ところが私たちには、真実（阿弥陀仏《あみだぶつ》の本願《ほんがん》）を信じる心は微塵《みじん》もないから、本当に大船《たいせん》があるのだろうか、私のような者が浄土《じょうど》に往《ゆ》けるのだろうかと、疑っている。

　そんな者を経典《きょうてん》には、無眼人《むげんにん》（真実を見る目のない人）、無耳人《むににん》（真実を聞く耳のない人）と説かれている。

〔原文〕

大聖《だいしょう》＊易往《いおう》＊とときたまう
浄土《じょうど》をうたがう衆生《しゅじょう》をば
無眼人《むげんにん》とぞなづけたる
無耳人《むににん》とぞのべたまう（浄土和讃《じょうどわさん》）

＊大聖《だいしょう》……釈迦《しゃか》
＊易往《いおう》……浄土《じょうど》へは往《ゆ》きやすい、ということ

「阿弥陀仏《あみだぶつ》の本願《ほんがん》」を信ずる心は全くない私たちと見抜《みぬ》かれた阿弥陀仏《あみだぶつ》が、そんな者を、そのまま乗せて、必ず弥陀《みだ》の浄土《じょうど》まで渡《わた》す大きな船を造ってくだされたのである。

　阿弥陀仏《あみだぶつ》の大悲《だいひ》の願船《がんせん》に乗せられると同時に、私たちの苦しみの人生は、幸せな人生にガラリと変わる。

その光景を親鸞聖人《しんらんしょうにん》は、こう記されている。

大悲《だいひ》の願船《がんせん》（大船《たいせん》）に乗じて見る難度《なんど》の海《うみ》（人生）は、千波万波がきらめき、至福の風が静かにそよいでいる。禍《わざわい》の波も福と転ずる、不思議な劇場ではないか。

〔原文〕大悲《だいひ》の願船《がんせん》に乗《じょう》じて、光明《こうみょう》の広海《こうかい》に浮《う》かびぬれば、至徳《しとく》の風静《かぜしず》かに、衆禍《しゅうか》の波転《なみてん》ず

（『教行信証《きょうぎょうしんしょう》』行巻《ぎょうかん》）

この大船《たいせん》に乗せていただくまでは、どんなに苦しくても、生《い》き抜《ぬ》かねばならない。これが親鸞聖人《しんらんしょうにん》の「なぜ生きる」の答えであった。

ならば大悲《だいひ》の願船《がんせん》に乗った不思議な光景は、どんなものか。仏教の言葉でそれを「二種深信《にしゅじんしん》」といい、名文で有名な『歎異抄《たんにしょう》』は、その絶対の幸福を伝えんとしたものである。

4 「大悲の願船」に、いつ乗れるのか

大悲《だいひ》の願船《がんせん》に、いつ乗れるのか。それは平生、生きている今のことである。今この大船《たいせん》に乗せていただき、どんなことがあっても変わらぬ、絶対の幸福になることを、「平生業成《へいぜいごうじょう》」と親鸞聖人《しんらんしょうにん》は言われている。

親鸞聖人《しんらんしょうにん》の教えを漢字四字で表すと、「平生業成《へいぜいごうじょう》」

になる。

平生業成《へいぜいごうじょう》の「平生《へいぜい》」とは、「死んだ後ではない、生きている現在」ということである。

「業《ごう》」とは、事業の業の字を書いて、仏教では「ごう」と読む。人生の大事業のことを、「業《ごう》」といわれている。

大事業といっても、企業《きぎょう》の創始や、徳川家康《とくがわいえやす》の天下統一の事業などではない。人生の大事業であり、言《い》い換《か》えると「人生の目的」である。何のために生まれてきたのか、何のために生きているのか、苦しくともなぜ生きなければならないのか、ということである。全ての人にとって、これ以上、大切なことはない。

最後の「成《じょう》」とは、「完成する」「達成する」ということである。

人生には〝これ一つ果たさなければならない〟という大事な目的がある。それは現在、完成できる。だから早く完成しなさいよ、と教えられた方が親鸞《しんらん》聖人《しょうにん》だから、聖人《しょうにん》の教えを「平生業成《へいぜいごうじょう》」というのである。

「仏教」と聞くと、地獄《じごく》や極楽《ごくらく》など死後物語ばかりとされている。「阿弥陀仏《あみだぶつ》の本願《ほんがん》」といっても、〝死んだら極楽《ごくらく》に生まれさせる〟というお約束ぐらいに考えている人が、ほとんどだ。

万人のその誤解を正し、弥陀《みだ》の救いは〝今〟であり、その救済はいかなるものかを明示し、「なぜ生きる」の答えを鮮明《せんめい》にされたのが親鸞聖人《しんらんしょうにん》である。

5 「大悲の願船」に、どうすれば乗れるのか

人生の目的は、大悲《だいひ》の願船《がんせん》に乗《じょう》じて、絶対の幸福になることである。では、どうすれば乗せていただけるのか。

釈迦《しゃか》も親鸞聖人《しんらんしょうにん》も、「阿弥陀仏《あみだぶつ》の本願《ほんがん》を聞く一つで、この大船《たいせん》に乗せていただける」と教えられている。阿弥陀仏《あみだぶつ》が、「聞く一つで、大船《たいせん》に乗せる」と、命を懸《か》けて誓《ちか》われているからである。最も大事なことは、真剣《しんけん》に「阿弥陀仏《あみだぶつ》の本願《ほんがん》」を聞くことだから、蓮如上人《れんにょしょうにん》は、

■仏法は聞く一つで救われる。

〔原文〕仏法《ぶっぽう》は聴聞《ちょうもん》に極《きわ》まる

（御一代記聞書《ごいちだいききがき》）

と教えられている。

「聴聞《ちょうもん》」とは、「聴《ちょう》」もきく、「聞《もん》」もきくということだが、仏法では、聴《ちょう》というきき方と、聞《もん》というきき方を厳然と区別されている。

まず「聴《ちょう》」というきき方は、ただ耳で聞いて合点しているきき方をいう。二足す二は四、四足す四は八というように、きいて納得《なっとく》しているきき方である。弥陀《みだ》の救いに値《あ》うには、まず仏法をきいて、よく納得《なっとく》することが大事だと教えられている。

納得《なっとく》できなかったら納得《なっとく》できるまで、重ねて聞かねばならない。仏法は「因果の道理」を根幹として

説かれているから、どんな人でも、聞けば必ず納得《なっとく》できる。重ねて聞いて正しく理解し合点（納得《なっとく》）することが、第一に大切である。

これが聴聞《ちょうもん》の「聴《ちょう》」だが、どんなに合点しても、それだけでは知った覚えたのであって、大悲《だいひ》の願船《がんせん》に乗《じょう》じたとはいえない。

では聴聞《ちょうもん》の「聞《もん》」とは、どんなきき方か、親鸞聖《しんらんしょう》人《にん》は、次のように教えられている。

仏法を聞くとは、「阿弥陀仏《あみだぶつ》の本願《ほんがん》の生起《しょうき》・本末《ほんまつ》」を聞くことである。

「生起《しょうき》」とは、「どんな者のために、阿弥陀仏《あみだぶつ》は本願《ほんがん》を建てられたのか」。

「本《ほん》」とは、「本願《ほんがん》（約束）を果たすために、どんなご苦労をされたのか」。

「末《まつ》」とは、「その結果、どんな大船《たいせん》を完成されたのか」ということである。

「聞《もん》」とは、これら阿弥陀仏《あみだぶつ》の本願《ほんがん》の生起《しょうき》・本末《ほんまつ》に、ツユチリほどの疑心もなくなったのを、聞《もん》というのである。

〔原文〕「聞《もん》」と言《い》うは、衆生《しゅじょう》、仏願《ぶつがん》の生起《しょうき》・本末《ほんまつ》を聞《き》きて疑心有《ぎしんあ》ること無《な》し。これを「聞《もん》」と曰《い》うなり

（『教行信証《きょうぎょうしんしょう》』信巻《しんかん》）

「阿弥陀仏《あみだぶつ》の本願《ほんがん》は、私ひとりのためでありました」と知らされ、仏願《ぶつがん》の生起《しょうき》・本《ほん》・末《まつ》に疑い晴れたことを「聞《もん》」という。親鸞聖人《しんらんしょうにん》の明言である。

しかも阿弥陀仏《あみだぶつ》は、臨終間際《まぎわ》の人をも救うために、一念《いちねん》（何億分の一秒より、もっと短い時間）で大船《たいせん》に乗せると誓《ちか》われている。「阿弥陀仏《あみだぶつ》の本願《ほんがん》まことだった」と聞いた一念《いちねん》（瞬間《しゅんかん》）に、大船《たいせん》に乗せていただけるのである。

そう教えられても、

「本当に聞くだけで、大悲《だいひ》の願船《がんせん》に乗せてもらえるのか」

「こんな私でも、本当に乗せてもらえるのだろうか」

と思う人があるから、蓮如上人《れんにょしょうにん》は、こんな諺《ことわざ》まで駆使《くし》されている。

硬《かた》い石でも、あの軟《やわ》らかい水が、続いて同じ所に落ちると、穴が開くことがある。古来「初志を貫《かん》徹《てっ》すれば、成就《じょうじゅ》できぬことはない」と聞く。たゆまぬ聞法《もんぼう》こそが大切である。

どんなにしぶとく疑い深くとも、聴聞《ちょうもん》に身も心も打《う》ち込《こ》めば、広大な弥陀《みだ》のお慈悲《じひ》だから、必ず大《だい》悲《ひ》の願船《がんせん》に乗せていただく（信《しん》を獲《う》る）ことができるのだ。

ただ仏法は聴聞《ちょうもん》に極《きわ》まるのである。

〔原文〕 至《いた》りて堅《かた》きは石《いし》なり、至《いた》りて軟《やわ》らかなるは水《みず》なり、水《みず》よく石《いし》を穿《うが》つ。「心源《しんげん》もし徹《てっ》しなば、菩《ぼ》提《だい》の覚道《かくどう》、何事《なにごと》か成《じょう》ぜざらん」といえる古《ふる》き詞《ことば》あり。いかに不信《ふしん》なりとも、聴聞《ちょうもん》を心《こころ》に入《い》れて申《もう》さば、御《お》慈悲《じひ》にて候間《そうろうあいだ》、信《しん》を獲《う》べきなり。只仏法《ただぶっぽう》は聴聞《ちょうもん》に極《きわ》まることなり

（御一代記聞書《ごいちだいきききがき》）

大悲《だいひ》の願船《がんせん》に乗《じょう》ずる唯一《ゆいいつ》の道は、「聴聞《ちょうもん》」である。真剣《しんけん》に仏法を聞いて、一日も早く大悲の願船に乗せていただき、絶対の幸福に救われてもらいたい。

これが親鸞聖人《しんらんしょうにん》、蓮如上人《れんにょしょうにん》の、終生、変わらぬ願いだった。

〈プロフィール〉

脚本

和田　清人（わだ　きよと）

昭和57年生まれ。東京藝術大学大学院映像研究科修了。
主な脚本作品
　映画「ギャングース」（2018）、
　映画「体操しようよ」（2018）、
　テレビ番組「衝撃スクープSP　30年目の真実 ～東京・埼玉連続幼女誘拐殺人犯・宮崎勤の肉声～」（2017 フジテレビ）。

漫画

太田　寿（おおた　ひさし）

昭和45年、島根県生まれ。
名古屋大学理学部分子生物学科卒業。
代々木アニメーション学院卒業。
著書『マンガでわかる　ブッダの生き方』
　　『マンガでわかる　仏教入門』
　　『マンガ 歴史人物に学ぶ
　　　大人になるまでに身につけたい大切な心』１～５

構成

大部　慧史（おおべ　さとし）

昭和57年、石川県生まれ。
信州大学大学院工学系研究科修士課程を修了後、
システムエンジニアとして勤務。
現在、漫画家、漫画原作者として活動中。
講談社からコミックス『赤橙』１～３巻を出版。

書

木村　泰山（きむら　たいざん）

昭和16年、広島県生まれ。法政大学卒業。書家。
日本書道振興協会常務理事、招待作家（実用細字部達人・かな部達人・詩書部達人。「達人」は、書道指導者の最高位）。
日本ペン習字研究会常任理事、全日本ペン書道展審査員。
元・読売書法展評議員。

なぜ生きる

漫画なぜ生きる
蓮如上人と吉崎炎上（後編）

令和元年(2019)12月16日　第1刷発行

「なぜ生きる」映画製作委員会
脚　本　和田 清人
漫　画　太田 寿
構　成　大部 慧史

発行所　株式会社　1万年堂出版
〒101-0052　東京都千代田区神田小川町2-4-20-5F
電話　03-3518-2126
FAX　03-3518-2127
https://www.10000nen.com/

装幀・デザイン　遠藤 和美
印刷所　凸版印刷株式会社

ISBN978-4-86626-054-9 C0095